C·H·Beck
PAPERBACK

Schon Nietzsche stellte fest, dass «im Stillen überall der Buddhismus in Europa Fortschritte macht». Seit über hundert Jahren erlebt die Lehre des Buddha einen ungeheuren Boom. Der Dalai Lama gilt nach einer Umfrage des SPIEGEL als «der weiseste lebende Mensch der Welt». Immer mehr Menschen praktizieren buddhistische Meditation – gerade auch in Kirchen und Klöstern. Aber was macht die über 2000 Jahre alte buddhistische Lehre gerade in der Moderne so attraktiv? Michael von Brück erklärt in 101 Fragen und Antworten Entstehung, Grundlagen und Ausbreitung des Buddhismus. Er erläutert seine spirituellen Aspekte und die Grundlagen der Meditation und zeigt, welche Antworten die buddhistische Ethik auf die drängenden Fragen der Gegenwart gibt.

Michael von Brück ist Professor em. für Religionswissenschaft an der Ludwig-Maximilians-Universität München. Seine Ausbildung zum Yoga- und Zenlehrer erhielt er in Indien und Japan. Bei C.H.Beck erschienen von ihm außerdem das Standardwerk «Buddhismus und Christentum» (mit Whalen Lai, 1997), «Wie können wir leben? Religion und Spiritualität in einer Welt ohne Maß» (Paperback 2009), «Leben in der Kraft der Rituale» (mit Regina von Brück, 2011) sowie «Zen» (3. Aufl. 2016).

Michael von Brück

Die 101 wichtigsten Fragen
Buddhismus

C.H.Beck

Originalausgabe

www.chbeck.de
Satz: Fotosatz Amann, Memmingen
Druck und Bindung: Druckerei C.H.Beck, Nördlingen
Umschlaggestaltung: Reihenkonzept: malsyteufel, Willich
Umschlagabbildung: Allee mit Buddha-Statuen in
Nakhon Si Thammarat, Thailand © Iron Heart/getty images
Printed in Germany
ISBN 978 3 406 74183 8

myclimate
klimaneutral produziert
www.chbeck.de/nachhaltig

Inhalt

Quellen und Texte 33

Theoretische Grundlagen 40

Das Bild vom Menschen 56

Vorwort

Der Buddhismus übt seit dem frühen 19. Jahrhundert eine ungebrochene Faszination auf die Menschen in Europa und Amerika aus. Zuerst waren es die Intellektuellen und Künstler (Arthur Schopenhauer, Richard Wagner, Friedrich Nietzsche, Auguste Rodin, Rainer Maria Rilke, Hermann Hesse, Bertolt Brecht, die Beat-Generation in den USA um Allen Ginsberg, Jack Kerouac und Gary Snyder), dann die Wissenschaftler der Physik (Werner Heisenberg, Carl Friedrich von Weizsäcker, Wolfgang Pauli, Erwin Schrödinger, David Bohm) und der Neurobiologie (Francisco Varela, Antonio Damasio, Richard Davidson, Wolf Singer), schließlich Ärzte, Psychotherapeuten, Pädagogen und nicht zuletzt Ordensleute und Pfarrer in den Kirchen, die sich von buddhistischen Denk- und Lebensformen angezogen fühlten. Nicht vergessen werden darf der Einfluss buddhistischer Kultur auf die neuere bildende Kunst (Rupprecht Geiger, Agnes Martin) und Musik (John Cage, Hans Werner Henze, Sergiu Celibidache, Peter Michael Hamel, Hans Zender, Vladimir Jurowski). Buddhismus-Studien haben Konjunktur. Heute üben immer mehr Menschen die buddhistische Zen-Meditation, Vipassana oder eine Achtsamkeitspraxis, die im Buddhismus wurzelt: «Mindfulness-Based Stress Reduction» ist in aller Munde, im öffentlichen Leben wie in der Wirtschaft. Der Dalai Lama galt nach einer SPIEGEL-Umfrage 2007 als «der weiseste lebende Mensch der Welt», und Filmschauspieler wie Sportler schmücken sich mit buddhistischen Insignien. Der Buddhismus gilt als friedlichste der Weltreligionen.

Was ist von diesem Boom zu halten? Ein Blick in die Geschichte und Gegenwart des Buddhismus zeigt zunächst, dass es «den» Buddhismus mit seinen «buddhistischen Werten» ebenso wenig gibt wie «das» Christentum mit seinen «christlichen Werten». Alle Religionen präsentieren sich in einer ungeheuren Vielfalt und auch Widersprüchlichkeit. Daraus ergeben sich viele Fragen.

Die 101 wichtigsten Fragen an den Buddhismus sind nicht von mir formuliert, sondern im Schüler- und Freundeskreis gesammelt worden. Meine 101 Antworten ergeben keine umfassende Beschreibung des Buddhismus – das habe ich an anderer Stelle versucht –, sondern dienen der Einführung. Um die Orientierung zu erleichtern, wurden die Fragen nach Kategorien geordnet, die eher europäischen Denkgewohnheiten entspringen.

Die Fragen werden teils mehr, teils weniger ausführlich behandelt; manche Probleme sind eher von historischem Interesse, manche betreffen die brennenden, oft bangen Fragen unserer Zeit. Hat der Buddhismus hier Hilfreiches zu sagen, das sowohl für die Lebensgestaltung des Einzelnen wie für die Gesellschaft wichtig sein könnte? Kann er in der globalisierten Welt Orientierung bieten? Sind buddhistische Erfahrungen und Denkformen geeignet, der Gier, mit der wir die Welt zerstören, etwas entgegenzusetzen? Oder der Angst, die neue Abgrenzungen und Nationalismen heraufbeschwört und auch die dunklen Seiten der Religionsgeschichte wieder lebendig werden lässt? Oder ist der Buddhismus genauso von menschlicher Korruption betroffen wie andere Traditionen auch? Ist die Faszination eine Illusion oder eine realistische Hoffnung? Die Leser und Leserinnen mögen selbst urteilen.

Ursprungsgeschichte

1. Wann hat der Buddha gelebt? Dass der Buddha tatsächlich gelebt hat, wird heute in der Forschung nicht mehr angezweifelt. Seine Lebenszeit lässt sich jedoch nur indirekt erschließen, wobei die wenigen Angaben und Indizien in singhalesischen und nordindischen Quellen voneinander abweichen oder einander sogar widersprechen. Darum wird die Regierungszeit des Kaisers Ashoka als Ausgangspunkt genommen, die in griechischen historischen Darstellungen recht glaubwürdig auf die Zeit von 268 bis 239 v. Chr. datiert wird. Zusammen mit Datierungen in buddhistischen Texten ergibt sich eine Lebenszeit des Buddha von ca. 560 bis 480 v. Chr. oder von 450 bis 370 v. Chr., je nachdem wie man die Quellentexte bewertet und kombiniert.

2. Warum verließ Siddhartha sein Elternhaus? Siddhartha Gautama Shakyamuni wurde in eine Adelsfamilie der Shakya-Republik von Kapilavastu geboren, die dem Reich des Königs von Kosala angegliedert war. Sein Vater Shuddhodana war der gewählte Regent dieser Republik. Seine Mutter Maya soll ihren Sohn auf einer Reise nach Lumbini geboren haben und kurz nach der Geburt gestorben sein. Siddhartha Gautama wuchs in sicheren materiellen und sozialen Verhältnissen auf, die später entstandenen Berichte von ungeheurem Reichtum sind aber wohl stark übertrieben. Er wurde vor allem in Körpererziehung und Kampfkünsten ausgebildet, wie dies für ein Mitglied der Kshatriya-Kaste üblich war. Welche Ereignisse Siddhartha letztlich dazu bewegt haben, seine wohlbehüteten Verhältnisse zu verlassen und das Leben eines Wanderasketen zu führen, lässt sich historisch nicht feststellen. Die spätere Erzählung beschreibt dieses Ereignis mit dramatischen Details. Diese «Legende der vier Ausfahrten» hat die gesamte Geschichte des Buddhismus entscheidend geprägt und ist neben der Erleuchtung und dem Beginn des Lehrens wichtigstes Element aller literarischen und bildlichen Beschreibungen vom Leben des Buddha geworden.

Demnach hatte Shuddhodana vor der Geburt seines Sohnes vom heiligen Asita eine Weissagung empfangen, dass der Knabe entweder ein bedeutender Asket oder ein Weltenherrscher werden würde. Da sich der Vater für ihn eine glänzende Karriere als König wünschte, ließ er ihn von allen Einflüssen außerhalb der luxuriösen Welt des väterlichen Palastes abschirmen. Der junge Prinz aber wollte die Welt kennenlernen und fuhr mit seiner Kutsche entgegen dem väterlichen Verbot in die Stadt. Auf vier Ausfahrten begegnete er der Hinfälligkeit im Alter, der Krankheit, dem Tode und schließlich einem Asketen, welcher der Welt entsagt hatte, um herauszufinden, ob jenseits des leidvollen, vergänglichen Daseins eine andere Ebene der Wahrheit zu entdecken sei. Angesichts dieser Erfahrung zweifelte er an seinem Lebensstil und verließ Familie und Besitz, Bequemlichkeit und Karriere, um als Wandermönch der Welt zu entsagen und herauszufinden, «was die Welt im Innersten zusammenhält». Er schloss sich, wie damals üblich, anderen Asketen an, fastete, meditierte und studierte die philosophischen Antworten der Weisen seiner Zeit.

3. Wie erreichte Siddhartha die Erleuchtung? Die frühen Buddhisten sprechen nicht von Erleuchtung, sondern vom «Erwachen», der Ehrentitel «Buddha» bedeutet «der Erwachte». Dieser feine Unterschied ist nicht unwichtig. Denn Erwachen kommt von innen, nicht von außen. Es ist ein Geisteszustand, bei dem das Bewusstsein in bestimmter Weise aktiv und eben wach ist, anders als im Schlaf. Es ist ein Zustand, der dem Menschen natürlich ist und den jeder erreichen kann. Und wie das Erwachen aus dem Schlaf oder aus dem Traumschlaf spontan geschieht, so kann auch das geistige Erwachen spontan eintreten, meist ist allerdings beharrliche Übung die Voraussetzung zur Vorbereitung des Bewusstseins. Siddhartha war mit den Antworten der Philosophen nicht zufrieden, weil sie alle in Widersprüche führten. Er übte zunächst strengste Askese: rigoroses Fasten, Schlafentzug, radikale Einsamkeit und völliges Schweigen. Er soll sich im Eifer beinahe zu Tode gefastet haben. Schon bald aber erkannte er, dass ihn diese Form der Askese nicht zum Ziel führen würde, nämlich zu erkennen, warum es Leiden gibt und wie man es überwinden kann. Er entdeckte für sich den «mittleren Weg» der Mäßigung zwischen Abtötung der körperlichen Bedürfnisse (vor allem nach Nahrung) und der Völlerei, nahm wieder etwas Speise zu sich und gelobte, so lange unter einem Pipalbaum (*ficus religiosa*) zu meditieren, bis er zur Erkenntnis gekommen sei. Welche «Methode» genau er dabei angewandt hat, wissen wir nicht. Regulierung des Atems, unablässige Konzentration auf seine Grundfrage und Kontrolle der Emotionen dürften aber eine Rolle gespielt haben. Entscheidend ist wohl der *Entschluss*, zum Erwachen gelangen zu *wollen*. Diese selbstbestimmte und in Freiheit gewählte Ausrichtung des Geistes auf ein einziges Ziel, eben das des Erwachens, ist Voraussetzung für die Aktivierung aller Geisteskräfte.

Siddhartha Gautama soll schon als Jugendlicher ein besonderes geistiges Erlebnis gehabt haben: Während er dem Vater beim Pflügen zuschaute, sei er in einen tieferen meditativen Geisteszustand eingetaucht und habe eine gelassene Ruhe und Heiterkeit erlebt wie nie zuvor. Da es nicht zu den Aufgaben des Vaters gehörte, landwirtschaftliche Tätigkeiten auszuüben, muss es sich um ein Ritual gehandelt haben, bei dem Könige oder hohe Regenten symbolisch einen Fruchtbarkeitsritus zelebrierten, mit dem Rezitationen von Mantras und andere bewusstseinsintensive Praktiken verbunden waren.

4. Hat der Buddha Yoga praktiziert? Wir wissen nicht genau, welche Art von Meditation der Buddha praktiziert hat. Vermutlich waren zu jener Zeit die späteren Formen des systematisierten Yoga, wie er etwa in Patanjalis Yoga-Sutras beschrieben wird, noch nicht bekannt. Der Pali-Kanon nennt jedoch einige Namen von Lehrern, die Siddhartha aufgesucht habe. Dazu gehört Alara Kalama, der Achtsamkeitsmeditation lehrte und Siddhartha Gautama in den «Bereich der Nichtsheit» eingeführt haben soll, nämlich ein Erleben geistiger Ruhe, welches das alltägliche Objektbewusstsein übersteigt. Dies sei aber, wie es dem Buddha in den Mund gelegt wird, noch nicht vollkommene «Abkehr, Leidenschaftslosigkeit, Aufhören, Beruhigung, Erkenntnis, Erwachen, Nirvana» gewesen. Als weiterer Lehrer wird Uddaka Ramaputta genannt, der «weder Wahrnehmung noch Nicht-Wahrnehmung» gelehrt habe. Spätere buddhistische Systeme haben diese beiden Erfahrungen als die ersten beiden von vier Meditationsstufen (die «Vier Formlosen Trancen») verstanden, also als eine Art Einführung in die tiefere Bewusstseinspraxis. Da auch solche Zustände zeitlich begrenzt sind und man daraus wieder in das unerleuchtete Tagesbewusstsein zurückkehrt, muss vor allem noch Weisheit hinzukommen, die Siddhartha Gautama später selbständig in der Meditation entdeckte.

In einem späteren Text (Majjhima Nikaya, Mahasaccaka-Sutta) wird beschrieben, welcher Praxis sich der zukünftige Buddha unterzogen habe, nämlich erstens extremer Hungeraskese, zweitens Atemübungen mit einem immer längeren Anhalten des Atems, was Ohrensausen, nicht aber die wirkliche Beruhigung des Geistes zur Folge hatte, drittens Konzentrationsübungen wie der Fixierung der Zunge am oberen Gaumen, was zu Schweißausbrüchen, nicht aber zur Konzentration des Geistes und zur Erkenntnis führte. Aus solchen Äußerungen spricht eine gewisse Skepsis gegenüber den Askesetechniken, wie sie zur Zeit des Buddha üblich waren. Solche Techniken dürfen aber nicht mit dem verwechselt werden, was sich später als «Yoga» entwickelt hat. Für den Buddha geht es um Erkenntnis, alles andere ist diesem Ziel untergeordnet.

5. Wollte der Buddha eine neue Religion gründen? Die Antwort auf diese Frage hängt davon ab, wie man Religion definiert. Der Buddha wollte nach anfänglichem Zögern (weil er befürchtete, dass man ihn missverstehen würde) seine Erkenntnis durchaus weitergeben. Die Überlieferungen von der ersten Predigt im Gazellenhain von Sarnath in der Nähe der Stadt Varanasi sind eine Zusammenfassung seiner Lehrtätigkeit. Um seine Praxis zu verbreiten und zu einem neuen Lebensstil anzuleiten, gründete er den *samgha*, die Gemeinschaft der Mönche – und später auch der Nonnen. Dieser Gemeinschaft gab er eine feste Lebensregel, und wer diese einhielt, gehörte dazu, wer dagegen verstieß, musste sich disziplinierenden Maßnahmen unterziehen oder wurde sogar aus dem Orden ausgeschlossen. Die Gemeinschaft der Mönche (und Nonnen) lebte und lebt bis heute in einer gewissen Distanz zu den Laien, die zwar auch grundlegende Regeln befolgen, aber ansonsten ihrem zivilen Beruf und Lebensstil nachgehen. Der Buddhismus, der sich aus diesen Anfängen entwickelt hat, kann definitiv als eine neue Religion in Indien bezeichnet werden. Ob der Buddha diese Entwicklung selbst wollte, wissen wir nicht. Jedoch hat er erste Schritte in diese Richtung getan oder zumindest zugelassen: Der Buddha akzeptierte ganz offensichtlich, dass ihm Verehrerinnen und Verehrer Spenden zukommen ließen, und zwar in Form von Naturalien, Geld und Landschenkungen. Spenden müssen verwaltet und ihre Verwendung organisiert werden. Das ist die Keimzelle religionspraktischer Hierarchien und der Institutionalisierung.

6. Wollte der Buddha die sozialen Verhältnisse in Indien verändern? Der Buddha hat nicht nur einen Orden geschaffen, der im Prinzip jedermann offenstand, sondern er hat auch gelehrt, dass jedes Lebewesen die Anlage zur Buddhaschaft, zur Vollkommenheit also, in sich trage. Beides setzt die Idee sozialer Gleichwertigkeit voraus, die zur Zeit des Buddha in der indischen Gesellschaft keineswegs selbstverständlich war. Im Gegenteil, diese beruhte auf dem Prinzip der Ungleichwertigkeit, nämlich dem Kastenwesen. Für den Samgha hat der Buddha Regeln erlassen, die ein hohes Maß an sozialer Gerechtigkeit und Gleichheit sowie gewaltfreier Konfliktlösung ermöglichen. Für die Laien galt dieses Prinzip nicht, sie blieben in ihren Berufen und Lebensverhältnissen. Allerdings gilt auch hier: Wir kennen die früheste buddhistische Geschichte zu wenig, als dass wir ein klares Urteil zur Stellung des Buddha bei sozialen Fragen abgeben könnten. Immerhin wird das Kastenwesen relativiert, und das bedeutet eine einschneidende soziale Veränderung. Die potentielle Buddhaschaft aller Lebewesen (nicht nur der Menschen) kann als Keimzelle der Idee von der Würde eines jeden Menschen (und Lebewesens) betrachtet werden, ganz unabhängig vom sozialen Status und Ansehen.

Eine andere Frage ist es, ob die Erwartung der Wiedergeburt in einem nächsten Leben die Bereitschaft zur sozialen Umgestaltung der Verhältnisse fördert oder hemmt. In (späteren) buddhistischen Schriften zeigt sich beides: Motivation zur sozialen Veränderung, weil gute Taten der Gerechtigkeit, Barmherzigkeit und Menschlichkeit die eigene geistige Reife befördern und damit eine gute Wiedergeburt in Aussicht stellen; aber auch Mahnung zur Erduldung des gegenwärtigen Schicksals, das ja als Resultat von Verhaltensweisen in früheren Leben und damit als zeitlich begrenzte «Strafe» gedeutet werden kann, die man zu erdulden habe. Dazu gehört auch die Geburt in unerfreulichen sozialen Verhältnissen. In den sogenannten *Jataka*-Geschichten, die vom Buddha aus seinen früheren Existenzen erzählt werden, geht es allerdings eindeutig um die Motivation zu sozial verantwortlichem Handeln und Barmherzigkeit: Weil der Buddha sich in früheren Leben menschlich und barmherzig gegenüber allen Lebewesen verhalten und sich selbstaufopfernd gezeigt hat, konnte er in diesem Leben zur Buddhaschaft gelangen.

7. Ist der Buddhismus aus dem Hinduismus entstanden? Nein, das, was wir «Hinduismus» nennen, ist eine Entwicklung in nachbuddhistischer Zeit. Zur Zeit des Buddha gab es in Indien sehr unterschiedliche Religionskulturen. Die brahmanische Religion, die sich auf die Hymnen-Sammlungen der Vedas gründet, war eine Opferreligion, die von einer Priesterkaste, den Brahmanen, dominiert wurde. Götter wie Indra, Varuna, Mitra und Surya, zuständig für die Aufrechterhaltung der Ordnung im Kosmos, wurden durch Opfer verehrt und günstig gestimmt. Opferaltäre wurden nach festgelegten Maßen aus Ziegeln jeweils neu errichtet, es gab keine Tempel, denn in nomadischer Zeit wanderte man umher. Durch korrekte Rezitation der Hymnen und begleitende Rituale beim Opfer sollte die Weltordnung (*rita*) respektiert, gestützt und gestärkt werden. Seit spätvedischer Zeit, also seit etwa 1000 v. Chr., unterlagen auch die Götter dem Gesetz der Wiedergeburt, wenn ihre karmische Energie, die sie durch ihre Taten erworben hatten, aufgebraucht war. Das Grundprinzip fast aller indischen Religionen einschließlich des Buddhismus ist das *karman*, d. h. reziproke Kausalität. Demnach ist etwas das, was es ist, als Resultat seiner eigenen Geschichte: Wie einer denkt, wie einer handelt, so wird er, heißt es in einer der frühen Upanishaden (Brihadaranyaka-Upanishad 4.4.5).

Hier setzte bereits früh Religionskritik ein: Der Sinn einzelner Opferhandlungen wurde nicht mehr verstanden, die komplizierten Rituale wurden kritisiert und es kam zu Umdeutungen und Neudeutungen des Opfers. Sogar die Kompetenz der Götter wurde infrage gestellt: In einer berühmten Hymne (Rigveda 10,129) wird nach dem Ursprung der Welt gefragt; nicht mehr dieser oder jener Gott wird als Schöpfer von «dem allen» bezeichnet, sondern «das Eine» ist es, auf das alles zurückgeführt wird.

Bereits um 800 v. Chr., also einige Jahrhunderte vor dem Buddha, praktizierte man statt oder ergänzend zum kultischen Opfer ein «inneres» Opfer, also Askese. Dabei spielt die Beobachtung des Atems eine Rolle. Mitte des ersten vorchristlichen Jahrtausends setzte ein Interesse für unterschiedliche Bewusstseinszustände ein, die nun nicht mehr durch den Soma-Trank, sondern durch Fasten, Atmen, Konzentration u. a. erreicht werden. Dies kann jeder Mensch praktizieren, nicht nur Brahmanen. Nicht die Geburt entscheidet nunmehr über religiöse Kompetenz, sondern die eigene Praxis. Das Ziel ist es, dem leidvollen Kreislauf der Wiedergeburten endlich ein Ende zu setzen. Alle diese Gedanken lernte Gautama Siddhartha Shakyamuni kennen und formte sie in eigener Weise um.

Neben der brahmanischen Religion, die indoeuropäische Wurzeln hat, müssen wir die zahlreichen «Substratkulturen» berücksichtigen, die z. B. dravidischen Ursprungs sind. Älteste Texte in der Tamil-Sprache zeigen, dass wahrscheinlich nicht nur die glühende Verehrung eines persönlichen Gottes (oder einer Göttin), sondern auch bestimmte Yoga-Praktiken hier ihre Wurzeln haben. Damals wie heute existieren in Indien ganz unterschiedliche und auch widersprüchliche Formen von Religion nebeneinander. Die Religion zur Zeit des Buddha war alles andere als einheitlich. Magische Elemente, Verehrung von Naturgeistern, schamanische Trancen - all dies findet sich in den Stammesreligionen, die «in den Bergen» heimisch waren, also in unzugänglichen Gebieten, die von der Kolonisierung durch die eingewanderten Indoeuropäer nicht betroffen waren. Das ist bis heute so.

Hinzu kommt, dass die brahmanische Opferreligion die genaue Beobachtung von Riten und Vorschriften für Speisen, rituelle Tagesgliederung, Kontakt mit anderen Menschen usw. vorschrieb, zur Zeit des Buddha aber die Mobilität in der Gesellschaft zunahm. Man reiste und trieb Handel, weil sich Bergbau, Manufakturen, damit auch die Gründung von Städten aufgrund arbeitsteiliger Gesellschaften entwickelten. Die starre Einteilung in Stände und die Kontaktverbote mit jeweils anderen sozialen Gruppen waren kaum noch praktikabel. Der Austausch von Waren verlangte nach flexiblen sozialen Kontakten. Vermutlich ist auch diese Entwicklung ein entscheidender Grund für die dramatischen Veränderungen in der Religion.

Ausbreitung des Buddhismus

8. Warum ist der Buddhismus in seinem Ursprungsland Indien fast vollständig verschwunden? Dies hat im Wesentlichen zwei Gründe (s. Fragen 92, 93). Zum einen sind viele Elemente der buddhistischen Bewegung in den Strom der indischen Religionsgeschichte integriert worden, den wir Hinduismus nennen. Dies lässt sich gut an dem brahmanisch-hinduistischen Philosophen Shankara (um 800 n. Chr.) zeigen, der die religiösen Vorstellungen der oberen Kasten nachhaltig geprägt hat. Neben grundlegenden Kommentaren zu den normativen hinduistischen Schriften des Vedanta («Ende des Veda»), also zu den Upanishaden, den Brahma-Sutras und auch der Bhagavad Gita, verfasst er Kompendien über den spirituellen Weg und die philosophisch-meditative Praxis der Selbst- bzw. Gotteserkenntnis. Dabei übernahm er vom Buddhismus Elemente der Erkenntnistheorie, die Kritik an der Äußerlichkeit des Religiösen sowie die Betonung der spirituellen Praxis, so dass er von Zeitgenossen als «Krypto-Buddhist» angesehen wurde. Doch anders als die Buddhisten hielt er an der Verbindlichkeit der Vedas und am brahmanischen Opferkult fest, wenngleich er das innere Erkennen für wichtiger hielt. Angeregt wohl auch durch die Buddhisten, hat er die Institution der Mönchsorden in ganz Indien etabliert, mit den nach ihm benannten Shankaracaryas als Oberhäuptern, die bis heute den Hinduismus maßgeblich prägen. Der Hinduismus gilt als anpassungsfähig und «tolerant» und hat so charakteristische buddhistische Elemente wie Aspekte der Lehre vom Nicht-Selbst (*anatman*) und Nirvana zumindest teilweise integriert. Mit einer wichtigen Ausnahme: der sozialen Kritik. Der Buddhismus wollte das Kastenwesen überwinden, ist aber daran in Indien gescheitert. Zu stark war und ist bis heute die Bindekraft dieses Sozialsystems.

Ein weiterer Grund für das Verschwinden des Buddhismus in Indien darf aber nicht unterschätzt werden, nämlich die islamischen Eroberungen und Zerstörungen. Anders als der Hinduismus ist der Buddhismus hochgradig organisiert in Institutionen, vor allem den buddhistischen Klosteruniversitäten, die militärisch leicht angreifbar waren. Nalanda, gegründet im 5. Jahrhundert, soll bis zu

15 000 Studenten und eine Bibliothek von – vielleicht etwas übertrieben – neun Millionen Büchern beherbergt haben. Es wurde Ende des 12. Jahrhunderts zerstört. Vikramashila, um 800 n. Chr. gegründet, war insbesondere für die Verbreitung des Buddhismus in Tibet wichtig und wurde um 1200 ebenfalls zerstört. Vor allem in Nordindien hat dies die intellektuelle Ausbildung von Gelehrten, die philosophische Debattenkultur und die Kommentierung buddhistischer Schriften unterbrochen oder sogar beendet – für den indischen Buddhismus die Katastrophe schlechthin.

9. Was bedeuten das «große» und das «kleine Fahrzeug»? Die Schüler des Buddha begannen sehr früh den Dharma, die Lehre des Buddha, zu verbreiten. Meist bildeten vier bis fünf Mönche eine relativ autonome *Samgha*-Gruppe; diese Zahl von Mönchen war notwendig, um eine gültige Ordination vollziehen zu können. Während der Regenzeit blieb man sesshaft, um zu studieren und zu meditieren. Sobald aber der Boden getrocknet war und keine Würmer oder Insekten mehr aus dem Schlamm krochen, die hätten zertreten werden können, nahmen die Mönche ihre Wanderungen auf, um die Lehre und Lebenspraxis des Buddha zu verbreiten. Die Spuren der ersten Missionswanderungen führen durch Zentral- und Westindien, später auch nach Norden und Süden. Wir können die Ausbreitung noch relativ gut nachverfolgen anhand der Stupas, die errichtet wurden, z. B. in Bharut und Sanchi in Zentralindien, dann auch in Mathura, östlich von Delhi. Etwa hundert Jahre nach dem Tod des Buddha war der Buddhismus bereits im Kaschmirtal angekommen. Eine Quelle berichtet, dass Madhyantika, ein Schüler Anandas, des Lieblingsschülers des Buddha, den Buddhismus im Kaschmir verbreitet und dabei an lokale Kulte angeknüpft habe, indem beispielsweise lokale Schlangengottheiten (*naga*) in die buddhistisch-mythische Welt integriert wurden. Diese Erzählung zeigt zweierlei: Zum einen wurde versucht, die eigene lokale Praxis zu legitimieren, indem man sie auf authentische Lehrer zurückführte, die dem Buddha möglichst nahe gestanden hatten; zum anderen wurden andere Religionsformen meist nicht grundsätzlich abgelehnt, sondern entweder als Vorstufen für die buddhistische Praxis oder als bildhafte Formen mentaler Zustände interpretiert, die so in den Buddhismus integriert werden konnten. Heute wird dies als «inklusivistisches

Religionsparadigma» bezeichnet. Auf diese Weise entstand eine enorme Vielfalt buddhistischer Religionspraxen.

Aus der frühen Bewegung des Buddhismus mit seiner großen geographischen und sozialen Spannweite entwickelte sich ein breiter Strom soziokultureller und religiös-spiritueller Praxis. Es entstanden zahlreiche «Schulen» oder Lebensgemeinschaften (*vada*), die zwar alle dem Buddha folgen wollten, aber doch unterschiedliche Aspekte oder Interpretationen der Lehre für zentral hielten. Philosophische Meinungsverschiedenheiten wurden mit Eifer debattiert und zugelassen, die Klosterregel allerdings musste nach einheitlichen Vorgaben eingehalten werden. Der Pali-Kanon dokumentiert, besonders in der Festlegung der Regel, wie sich allmählich die Lebenspraxis des buddhistischen Mönchtums herausbildete und wie die dann gefundenen Anweisungen zur Praxis dem Buddha in den Mund gelegt wurden, um ihnen Autorität zu verleihen.

Ein großer Strom wurde diese frühbuddhistische Bewegung, ein «großes Fahrzeug» (*maha-yana*) für die Reise zur Befreiung bzw. ins Nirvana. Diejenigen aber, die diese Veränderungen und – wie sie entgegneten – Verwässerung der ursprünglichen Lehre durch «Anpassung» an neue Verhältnisse nicht mitmachen wollten, wurden nun polemisch von Anhängern des «großen Fahrzeugs» als Vertreter des *hina-yana*, des «kleinen Fahrzeugs», bezeichnet. Diese Schulen hielten an einer engeren Interpretation der Mönchsregel und der Philosophie fest, von denen heute aber nur Theravada, die Schule der Älteren, übrig geblieben ist. Dass deshalb «kleines Fahrzeug» und «Theravada» oft als identische Bezeichnungen gebraucht werden, ist historisch nicht ganz zutreffend.

Wichtig ist, dass im «großen Fahrzeug», im Mahayana, auch Laien (also verheiratete Haushälter, die einem Beruf nachgehen) durch tugendhaftes Leben und spirituelle Einsicht die Bodhisattvaschaft bzw. die Buddhaschaft (s. Frage 29) erlangen können, was im «kleinen Fahrzeug» so nicht möglich ist. Auch im Mahayana allerdings ist strittig, ob dies auch für Frauen zutrifft (s. Frage 37).

Der Buddhismus Sri Lankas und Südostasiens (mit Ausnahme Vietnams) ist fast vollständig vom «kleinen Fahrzeug» geprägt, der Buddhismus Ostasiens, Zentralasiens und Vietnams dagegen vom «großen Fahrzeug». Mahayana betrachtet die Praxis des «kleinen Fahrzeugs» (vor allem die Mönchsregel) als Grundlage, zu der dann aber anderes hinzukommt. Theravada betrachtet dieses «Hinzukommende» als unnötig oder, mehr noch, in die Irre führend. In der zweiten Hälfte des 20. Jahrhunderts, also durch Kontakt mit dem Westen und vor allem angesichts der verheerenden Zerstörung buddhistischer Infrastruktur durch den Kommunismus in China und Südostasien, ist diese gegenseitige Polemik schwächer geworden, auch dank interreligiösen Engagements auf beiden Seiten, das die innerbuddhistischen Differenzen überbrücken möchte.

10. Wie sind die verschiedenen Richtungen des Buddhismus entstanden? Die verschiedenen Richtungen, Schulbildungen und «Konfessionen» entstanden einerseits, weil Entwicklungen in der Philosophie, der Meditationspraxis und der Lebensregeln für Mönche, Nonnen und Laien zu unterschiedlichen Auffassungen über die angemessene Interpretation der Lehre des Buddha führten. Andererseits ließen soziale Verhältnisse, verschiedene Sprachen, andere Klimabedingungen, urbane und dörfliche Situationen, vor allem aber auch kulturelle und religiöse Prägungen derer, die sich zum Buddhismus bekehrten, ganz neue Formen der buddhistischen Praxis und Theorie entstehen. Auch politische Konstellationen spielten dabei eine maßgebliche Rolle, etwa ob die konkurrierenden Schulen oder Gruppen von Mönchen durch die jeweiligen Herrscher gefördert oder behindert wurden. Dies lässt sich schon an der frühbuddhistischen Bewegung beobachten, dann auch in Ceylon, Birma, Thailand, Kambodscha oder Indonesien, in China ebenso wie in Tibet, bei den mongolischen Khanen, in Korea und Japan. Wurden die Herrscher von einer bestimmten Gruppe buddhistischer Mönche bekehrt, versahen sie diese mit Privilegien, was zu Unterdrückung und auch Verfolgung anderer Gruppen führen konnte. Das wiederum vertiefte die Aufspaltungen bzw. das eigene Profil der jeweiligen Gruppen. Schon früh entwickelten sich so die klassischen 18 Schulen, von einigen kennen wir allerdings nicht viel mehr als den Namen. Besonders ein Thema beschäftigte die Buddhisten von Anbeginn, die Ablehnung oder (modifizierte) Akzeptanz eines substantiell existierenden «Ich» oder «Selbst». Hier unterschieden sich Buddhisten markant von anderen Religionsphilosophien in Indien, aber auch untereinander (s. Frage 31).

Noch vielfältigere Formen aber nahm der Buddhismus ab dem

1. oder 2. Jahrhundert n. Chr. bei der Übersetzung in die gegenüber Indien völlig andere chinesische Geisteswelt an, was die Entwicklung zum Mahayana einschließt.

11. Wie haben sich Buddhisten, die sich in anderen Ländern ansiedelten, gegenüber den Religionen verhalten, die dort bereits existierten? Der Buddhismus wurde zunächst von wandernden buddhistischen Mönchen in Nord- und Südindien verbreitet. Dabei kam es zur Assimilation vorbuddhistischer Kulte: Baumgeister, Tiergeister, Berggeister und Dämonen wurden ins buddhistische Universum integriert und als Kräfte, die dem Menschen förderlich oder hinderlich sein konnten, respektiert. Vor allem Laien dürften solche Kultpraktiken weiter gepflegt haben. Wenn Könige bestimmte buddhistische Schulen förderten, kam es auch hier meistens zur Vermischung religiöser Traditionen; die Toleranz und Definition dessen, was gelten sollte, hatte jedoch der Staatsräson zu gehorchen.

In Sri Lanka wurde der Buddhismus bald zur Staatsreligion der singhalesischen Herrscher. Die Tamilen auf der Insel blieben Hindus, sie wurden ausgegrenzt und im Namen des Buddha auch mit Gewalt bekämpft, wie aus den ceylonesischen Chroniken Mahavamsa und Culavamsa hervorgeht. Auch hier waren machtpolitische Interessen maßgebend, denn Dorfkulte, die politisch ohne Relevanz waren, wurden von den Königen und ihren Beratern, den Mönchen des buddhistischen Samgha, sehr wohl akzeptiert.

In China war die Situation anders. Hier traf der Buddhismus auf hochorganisierte Formen von Religion, die sich des Wohlwollens und der Förderung durch Kaiser und Staatsapparat erfreuten. Buddhistische Mönche kamen meist über die zentralasiatischen, multiethnisch und multireligiös geprägten Handelsstätten an der Seidenstraße ins Land, und so waren es chinesische Händler und Beamte, die mit den buddhistischen Mönchen etwa seit dem 2. Jahrhundert n. Chr. in Austausch traten und erste Übersetzungen ermöglichten. Chinesische Intellektuelle und Staatsbeamte zeigten Interesse an der «indischen» Religion, die als wesensverwandt mit der chinesischen Welt interpretiert wurde. Die Übersetzungen ermöglichten Resonanz mit der alten chinesischen Weisheit, indem klassische chinesische Begriffe und Formulierungen aus dem Wertekanon als Matrix für das Verstehen des Buddhismus verwendet wurden. Die Buddhisten gingen also integrativ auf die klassischen chinesischen Formen von «Religion» in Gestalt des Daoismus und des Konfuzianismus ein, Widersprüche wurden ausgeglichen oder gar eliminiert. Dort, wo offene Konflikte auftreten mussten, wie bei der Vorstellung von Wiedergeburt oder dem Ideal des Mönchtums, das dem chinesischen Ideal von Familie entgegenstand, wurde dies z. B. als Möglichkeit von mehreren Lebensstadien neu interpretiert.

Erst später kam es zu Abgrenzungen und Gegenbewegungen, gegen Ende der Tang-Zeit im 9. Jahrhundert sogar zu Verfolgungen. Daoistische Kleriker, buddhistische Mönche und konfuzianische Gelehrte stritten um Einfluss. Buddhistische Klöster waren durch Spenden reich geworden, Mönche zahlten weder Steuern, noch waren sie zum Militärdienst verpflichtet, was dazu beitrug, dass die Rivalität zwischen den Religionen in offene Feindschaft umschlug und der Buddhismus im 9. Jahrhundert massiv verfolgt wurde. In der Song-Zeit ab dem 10. Jahrhundert gelangte er jedoch zu neuer Blüte, wobei konfuzianische, daoistische und buddhistische Elemente immer weiter miteinander verbunden wurden. Auch die unterschiedlichen Profile der buddhistischen Schulen verloren an Bedeutung, da magische Kulte aus der Volksreligion, Ahnenverehrung, buddhistische Geistesschulung und Mönchsdisziplin sowie Rituale für langes und fruchtbares Leben eine Synthese mit der buddhistischen Theorie und Praxis eingingen.

In Tibet wurde ab dem 7./8. Jahrhundert der Buddhismus in eine Kultur eingeführt, die noch keine flächendeckenden Institutionen kannte. Schrift, Vereinheitlichung der Sprache, Bürokratie, Urbanisierung, Etablierung und Durchsetzung eines Rechtssystems, Zentralisierung von Herrschaftsstrukturen – all dies kam mit dem indischen Buddhismus nach Tibet. Zuvor war Tibet durch Animismus und Ahnenverehrung, Heldensagen und magische Praktiken geprägt worden, was man später als «Bön» bezeichnet hat. Aus dem «Religionsimport» entstand überhaupt erst das, was wir als tibetische Kultur bezeichnen können. Die Erzählungen um den indischen Gelehrten und Religionspraktiker Padmasambhava (den die Tibeter Guru Rinpoche, den «kostbaren Lehrer», nennen und der gelegentlich auch als zweiter Buddha verehrt wird) zeigen, wie die alten animistischen und polytheistischen Kulte und Vorstellungen (s. Frage 12) in den Buddhismus integriert wurden: Die lokalen «Geister» bzw. Gottheiten wurden «gezähmt», indem sie als Schutzgottheiten für den Buddhismus dienstbar gemacht, also uminterpretiert wurden. Diese Einordnung vollzog sich nicht ohne offene Konflikte. Die Debatte, was bei der Integration so unterschiedlicher Religionswelten «noch buddhistisch» sei, hält sogar bis heute an: Vor einigen Jahren kam es zur sogenannten «Shugden-Kontroverse», wo der Dalai Lama den ihm nahestehenden Institutionen und Gruppen den Kult einer buddhistischen Schutzgottheit verbot, weil diese mit anderen tibetisch-buddhistischen Schulrichtungen im Streit zu liegen und daher nicht mehr tolerierbar schien.

In der Welt des heutigen Buddhismus (s. Fragen 92–94) gibt es unterschiedliche Haltungen zu dieser Frage. Während vor allem in vom Theravada geprägten Ländern wie Myanmar, Sri Lanka oder Laos der Buddhismus faktisch mehr oder weniger Staatsreligion ist und daher andere Religionen zwar geduldet, aber stark kontrolliert werden, ist dies in vom Mahayana-Buddhismus geprägten Ländern wie Japan und Korea sowie China anders. Dort gibt es seitens buddhistischer Organisationen (Rissho Koseikai und Soka Gakkai in Japan, Won-Buddhismus in Korea, aber auch traditioneller Schulen wie der Rinzai-Schule des Zen in Japan) partnerschaftliche Bemühungen und ernsthaften Dialog auf praktischer wie auf akademischer Ebene. Generell lässt sich aber feststellen, dass Buddhisten ihre eigene Religion als selbstgenügend betrachten; im Dialog mit anderen Religionen setzen sie weniger auf gegenseitige Bereicherung durch Erkenntnis, der Fokus liegt vielmehr auf Fragen des praktischen sozialen und politischen Engagements, etwa für den Frieden.

Der Buddhismus im Westen ist anders. Er ist hervorgegangen aus der Auseinandersetzung mit der christlichen Tradition und der kritischen Philosophie. Konvertiten haben oft um der Stärkung ihrer neuen Identität willen ein scharfes Abgrenzungsbedürfnis zu ihrer jeweiligen Herkunftsreligion. Diese Haltung trifft man auch bei europäischen und amerikanischen Buddhisten an, viel häufiger aber suchen sie das Gemeinsame mit der christlichen Religion (besonders mit der Mystik) oder auch mit dem Sufismus des Islams. Nicht wenige Buddhisten im Westen pflegen eine doppelte Religionszugehörigkeit (s. Frage 101).

12. Warum gibt es im tibetischen Buddhismus so viele Götter? Bei der Einführung des Buddhismus in Tibet konkurrierten zwei unterschiedliche Formen des Buddhismus miteinander: Der indische Buddhismus betonte einen Stufenweg zur Erleuchtung, der die Institutionen des Samgha voraussetzte, vor allem aber das systematische Studium der Lehre; der chinesische Buddhismus hingegen war stark vom Ch'an (Zen) geprägt, der ein spontanes Erwachen durch Meditation in den Mittelpunkt seiner Praxis rückte. In Tibet setzte sich das indische System durch. Die bis dahin vorherrschenden animistischen Vorstellungen, Ahnen- und Heldenverehrung sowie magische Praktiken und Schamanismus wurden vom Buddhismus als geistige Energien gedeutet und integriert. Die kultische Verehrung an Altären und die Anbetung der «Götter» ist die äußere Form der Bewältigung der eigenen inneren geistigen Kräfte. Durch Visualisierung, Meditation, mentale Besänftigung und Umlenkung auch aggressiver und schrecklicher Aspekte kann der Mensch geistig reifen. Es ist so wie bei den Traumbildern: Man muss lernen sie zu integrieren, indem man in ihnen Aspekte (und abgespaltene Wünsche oder Ängste) des eigenen Geistes erkennt.

13. Ist der Dalai Lama der «Papst der Buddhisten»? Nein, der Dalai Lama ist weder Papst noch Repräsentant aller Buddhisten. Er ist auch kein «Gottkönig», da Buddhisten nicht an Gott (im Sinne eines allmächtigen Schöpfers und Lenkers) glauben und die Würde des Dalai Lama nicht dynastisch vererbbar ist. Die tibetisch-buddhistische Institution der Dalai Lamas hat sich erst im 16. Jahrhundert herausgebildet und besteht aus führenden Lamas der Gelug-Schule. Die Gelugpa («Gelbmützen») gründen sich auf den Reformator Tsongkhapa (1357–1419) und sind jünger als die Schulen der Nyingma, Sakya und Kagyü. Die bedeutende Rolle der Dalai Lamas entwickelte sich aus der Kooperation mit den militärisch mächtigen mongolischen Khanen, die den Dalai Lamas auch die politische Führung Tibets ermöglichten, was vor allem seit dem 5. Dalai Lama (1617–1682) wirksam wurde. Der Titel «Dalai Lama» ist eine mongolisch-tibetische Sprachkombination und bedeutet «ozeangroßer Lehrer». Der Mongolenherrscher Altan Khan verlieh ihn zum ersten Mal im Jahre 1578 dem Abt des Klosters Drepung und führenden Lama der Gelugpa, Sönam Gyatso (1543–1588). Dieser wird aber als 3. Dalai Lama gezählt, denn seine beiden Vorgänger erhielten den Titel nachträglich. Die Dalai Lamas gelten als Inkarnationen des Bodhisattva Avalokiteshvara (s. Frage 30), der wiederum eine geistige Ausstrahlung des Buddha Amitabha ist. Wie kann man das verstehen? Er ist eine Energie, ein Aspekt des universalen Bewusstseins, und zwar der Aspekt der Barmherzigkeit. Dieser Bewusstseinsstrom kann materielle Gestalt annehmen, eben als Dalai Lama. Nicht nur dort, aber dort in besonderer Weise. In China und Japan wird diese Kraft als Guanyin bzw. Kannon ebenfalls verehrt, und sie hat dort weibliche Züge angenommen. In Tibet wird der männliche Aspekt ebenfalls durch einen weiblichen ergänzt und als «Tara», die Retterin, verehrt.

In den Dalai Lamas zeigt sich also das Buddha-Bewusstsein der Barmherzigkeit geradezu im politischen Gewand. Der gegenwärtige Dalai Lama gilt als die 14. Reinkarnation dieser Gestalt. Für seinen gewaltfreien Kampf um Freiheit und Menschenwürde wurde er 1989 mit dem Friedensnobelpreis ausgezeichnet. Menschen in aller Welt suchen das Gespräch mit ihm, nicht zuletzt Naturwissenschaftler, denn er ist bestrebt, buddhistische Bewusstseinsphilosophie (Psychologie) und Naturwissenschaften miteinander zu verbinden. Auch Politiker suchen seine Gemeinschaft - sofern sie es wagen. Denn solche Begegnungen ziehen meist Proteste seitens der chinesischen Regierung nach sich, verbunden mit der Androhung wirtschaftlicher Sanktionen. Der Dalai Lama genießt nicht nur kraft seines Amtes, sondern besonders aufgrund seiner Persönlichkeit in der gesamten buddhistischen Welt und weit darüber hinaus hohes Ansehen und Autorität. Er bezeichnet sich als einfachen buddhistischen Mönch und als Flüchtling. 2011 ist er als politischer Führer der tibetischen Exilregierung zurückgetreten, um demokratische Verwaltungsstrukturen aufzubauen. Dennoch ist er für die meisten Tibeter (es gibt aber auch eine Opposition unter der tibetischen Jugend) die Autorität schlechthin, und an ihm hängt bisher die kulturelle und nationale Identität der Tibeter im Exil. Er ist also nicht der «Papst der Buddhisten», wohl aber höchste moralische Autorität.

14. Kann der Dalai Lama selbst bestimmen, ob und wie er wiedergeboren wird? Dazu gibt es von ihm selbst zwei Aussagen. Erstens: Die Institution der Dalai Lamas ist historisch entstanden, also kann sie auch historisch wieder verschwinden. Zweitens: Ob und wie der Dalai Lama wiedergeboren wird, hängt von den Umständen ab, d. h. vor allem davon, ob diese Institution den Menschen nutzt oder nicht. Dalai Lamas gelten als «Tulkus», d. h. als Erscheinungskörper transzendenter Bodhisattvas, die sich immer wieder neu inkarnieren können, um auch institutionell (als Äbte, hohe Lehrer, Oberhäupter von Schultraditionen) Kontinuität zu verbürgen. Ihnen wird somit zugeschrieben, ihre eigene Wiedergeburt und Nachfolge in einem Amt selbst bestimmen zu können. Es ist der «Buddha-Geist», der sich im Dalai Lama verkörpert, nicht ein «Individuum», das dort und nur an dieser Stelle gegenwärtig wäre. Er kann sich in vielfältiger Gestalt inkarnieren, als Mann, als Frau, als Tier, als geistige Energie, die eine ganze Generation inspirieren kann, und - wie der Dalai Lama einmal etwas scherzhaft meinte - vielleicht auch als Brücke, über die Menschen gehen können, um trockenen Fußes an das andere Ufer zu gelangen. Insofern kann sich dieser Geist inkarnieren, wo er den größten geistigen Nutzen bringt, und wenn das nicht der Fall ist, inkarniert er sich ganz anders und vielleicht in verborgener Weise, die nicht einer bekannten und wieder erkennbaren Gestaltung entspricht. Der Dalai Lama ist frei zu sagen: Ich werde mich als Frau in Deutschland wieder inkarnieren, oder: Ich werde mich zunächst nicht wieder (als Dalai Lama) inkarnieren. Denn als Inkarnation des erleuchteten Buddha-Geistes wird ein Dalai Lama nicht wiedergeboren, um seine spirituelle Reifung in einem neuen Körper fortsetzen zu können, um also noch nicht erledigte Aufgaben zu erledigen, die von seinem Karma erzwungen sind. Er «muss» also nicht, sondern er will wiedergeboren werden, weil er in Freiheit allen lebenden Wesen helfen will, auf dem Weg zur Erleuchtung voranzukommen und dabei so wenig Leid wie möglich und so viel Glück wie zuträglich zu erfahren.

Allerdings verkörpert der Dalai Lama unter den äußerst schwierigen politischen Umständen des Exils (und innerhalb der Grenzen Chinas unter den beschwerlichen politischen Verhältnissen) die kulturell-religiöse Identität der Tibeter in besonderer Weise, er ist das Herz für die Hoffnung dieses Volkes. In der tibetischen Exilgemeinde wird laut darüber nachgedacht, ob der Dalai Lama seinen Nachfolger nicht jetzt schon bestimmen und dann entsprechend ausbilden sollte. Das wäre ein Bruch mit der bisherigen Tradition, wonach die Gegend der Geburt des neuen Dalai Lama zwar vage vorausgesagt wird, die infrage kommenden Knaben dann aber durch Wiedererkennungstests gefunden werden, und zwar von Suchtrupps, welche die tibetische Regierung ausschickt. Ein Bruch mit buddhistischen Prinzipien aber wäre es nicht: denn alles was geschichtlich entsteht, verändert sich, auch diese Inkarnation und die Auffindung ihrer Umstände. Nun ist die Wiedergeburt des Dalai Lama jedoch ein Politikum ersten Ranges. Die chinesische Regierung und die tibetische Exilregierung werden sehr unterschiedliche Vorstellungen dazu haben, was massive Konflikte erwarten lässt. Wie sich der 14. Dalai Lama bezüglich dieser Problematik entscheiden wird, ist (noch) nicht bekannt.

15. Hat sich der Buddhismus im Westen verändert? Eines der Grundprinzipien des Buddhismus ist, dass alles veränderlich ist (*sarvam anityam*). Das bedeutet auch, dass sich der Buddhismus in seiner Geschichte verändert hat und weiter verändern wird. In Europa und den USA sind erste buddhistische Zentren Ende des 19. Jahrhunderts gegründet worden. Zunächst hatte der Buddhismus als Alternative zum Christentum für Intellektuelle, namentlich Philosophen und Künstler, eine besondere Anziehungskraft. In Deutschland waren es vor allem Arthur Schopenhauer, Richard Wagner oder Friedrich Nietzsche sowie die Dichter Rainer Maria Rilke, Hermann Hesse und, in gewisser Hinsicht, auch Bertolt Brecht. Die Liste ließe sich fortsetzen. Der Buddhismus sei, so die Meinung, nicht eigentlich eine auf Glauben angewiesene «Religion», da er nicht auf einem Gottesglauben gründe, sondern auf rationaler Analyse und der Praxis der Selbstkultivierung. Eines der weit verbreiteten Buddhismus-Bücher war das Standardwerk des Juristen Georg Grimm (1868–1945), «Die Lehre des Buddho, die Religion der Vernunft», das 1915 bei Piper in München verlegt wurde. Die 15. Auflage dieses Werkes erschien dann 1957 mit dem erweiterten Untertitel: «Die Religion der Vernunft und der Meditation». Hier zeigt sich, wie sich die Wahrnehmung des Buddhismus zu den Meditationspraktiken aus Fernost hin änderte. Die Betonung der Meditation als «Kultur der Stille», der inneren Einkehr, der Kultivierung auch des Unbewussten, ja der Bewusstseinserweiterung und -vertiefung wurde im Zusammenhang mit Psychotherapie und psychosomatischer Medizin ein großes

Thema. Der Buddhismus als Volksreligion, wie er in vielen Ländern Asiens von Millionen Menschen praktiziert wird, wurde hingegen von europäischen Gelehrten oft als degradierte Form eines ursprünglich rein rationalen Systems abgewertet.

Der Buddhismus wurde nach dem Zweiten Weltkrieg immer stärker als Möglichkeit zur Bewusstseinsveränderung wahrgenommen. Zen (aus Japan, Korea und China) und der tibetische Buddhismus (mit seinen Visualisationen), aber später auch die (neue) Vipassana-Bewegung aus Birma und Indien etablierten sich bis hin zur heutigen Achtsamkeitsbewegung. Daraus abgeleitet ist die von dem amerikanischen Arzt Jon Kabat-Zinn entwickelte Mindfulness-Based Stress Reduction (MBSR), die in Kliniken und Schulen ebenso wie im Bereich der Wirtschaft für gestresste Manager eingesetzt wird, in den USA auch für die Polizei und in Gefängnissen.

Im Westen hat sich der Buddhismus also in eine pragmatische Richtung entwickelt. Er wird als therapeutische Möglichkeit in Anspruch genommen, aber auch als Weg des Bewusstseinstrainings überhaupt zur Entwicklung der Vertiefung von Erkenntnis (Erleuchtung) und der Kultivierung von Emotionen, insbesondere des Mitgefühls. Die Details der buddhistischen Philosophie können zwar in einigen buddhistischen Zentren studiert werden, doch das Interesse gilt überwiegend der Meditation in ihren sehr unterschiedlichen Formen. Außerdem wird in den Samghas ein Gemeinschaftsgefühl kultiviert, das eine Balance von Nähe und Distanz ermöglicht. Volle Ordinationen zu buddhistischen Mönchen und Nonnen sind eher selten.

Zwei Aspekte der Gestaltung des Samgha sind im Westen in den Vordergrund getreten: die Gleichberechtigung der Frauen und die Entwicklung demokratischer bzw. gemeinschaftlicher Leitungsstrukturen. Die völlige Dominanz des Guru (Lama, Roshi, Meister, Lehrer) wird immer häufiger kritisiert, da sie zu psychischen Ungleichgewichten und Machtmissbrauch führen kann und geführt hat. Was unaufgebbar zum Kern der buddhistischen Praxis gehört und was als asiatische kulturelle Einkleidung gelten kann, die im Westen nicht aufgenommen werden sollte, ist umstritten. Die einzelnen Samghas entwickeln sich meist recht unabhängig voneinander, und dabei spielt auch das kulturelle Umfeld eine Rolle.

16. In welchen Ländern leben die meisten Buddhisten? In absoluten Zahlen gerechnet, leben die meisten Buddhisten in China, Japan, Korea und Vietnam, also in Ländern, die weitgehend Mahayana-buddhistisch geprägt sind. Dabei kommt es aber zu Überschneidungen, weil in China und Japan viele Buddhisten gleichzeitig Konfuzianer sind oder vom Daoismus bzw. Shintoismus geprägt werden. In Tibet (und der tibetischen Exilgesellschaft) sind fast alle Menschen Buddhisten, es gibt wenige Anhänger des Bön (das stark buddhistisch beeinflusst ist), des Islams und des Christentums. Ansonsten leben prozentual gesehen in den Theravada-Ländern Sri Lanka, Myanmar, Laos, Kambodscha und Thailand die meisten Buddhisten. Hier ist der Buddhismus Volksreligion, in einigen Ländern (wie Myanmar) quasi Staatsreligion, wenn auch nicht im verfassungsrechtlichen Sinne. In Ländern wie Thailand und Myanmar gehört es zur Tradition, dass Männer nach der Adoleszenz für einige Monate als Mönche ins Kloster eintreten, dann aber wieder laisiert werden und, spirituell wie kultisch etwas geschult, einer weltlichen Laufbahn folgen.

Infolge von Migration aus Japan, China, Vietnam und Korea gibt es Buddhisten auch in den USA, Kanada und Südamerika sowie in Europa. Dabei ist in der gesamten «westlichen Welt» einschließlich Australien die Zahl der formell registrierten Buddhisten eher gering. Viel mehr Menschen fühlen sich heute aber dem Buddhismus nah und praktizieren verschiedene Formen buddhistischer Meditation.

Quellen und Texte

17. Hat der Buddha Schriften hinterlassen? Der Buddha selbst hat nichts Schriftliches hinterlassen. Er hat auf seinen Wanderungen durch Nordindien Lehrreden gehalten, die von den Schülern mündlich weitergegeben und nach seinem Tod aufgezeichnet wurden. Sie sind im sogenannten Pali-Kanon gesammelt, der ins 1. Jahrhundert v. Chr. datiert wird und in Sri Lanka entstanden ist. Demnach liegen zwischen der Lebenszeit des Buddha und der Sammlung der Reden etwa 300 Jahre. Die originalen Worte sind diese «Reden des Buddha» also nicht. Das wird schon dadurch deutlich, dass wir es mit Texten zu tun haben, die ständige Wiederholungen und stereotype Formeln präsentieren, und das ist ideal, wenn man solche Formeln genau memorieren und wiedergeben will. Die Pali-Sprache war ein mittelindischer Dialekt, nicht die Sprache des Buddha, aber doch mit dieser und auch dem Sanskrit eng verwandt.

Der Buddha sprach den Dialekt seiner Heimat, der Staaten Magadha und Kosala, und er soll – so ein Hinweis im Pali-Kanon – seinen Schülern ausdrücklich aufgetragen haben, seine Reden nicht in Sanskrit, der Ritualsprache der Brahmanen, zu überliefern, sondern in den jeweiligen Landessprachen der einfachen Menschen, damit diese sie verstehen können. Die Sammlung der Reden in Pali heißt «Tripitaka» (Pali: Tipitaka), wörtlich übersetzt «drei Körbe». Die Schriften waren nämlich meist Manuskripte auf Palmblättern, die zusammengelegt oder zusammengeheftet, sodann unter Holzdeckeln verschnürt und als quaderförmige Bündel zur Aufbewahrung in drei Körben abgelegt wurden: die Regeln der Ordensdisziplin (*vinaya-pitaka*), die Lehrreden des Buddha (*sutta-pitaka*) und eine von Mönchsgelehrten erstellte systematisierte Darlegung der Lehre (*abhidhamma-pitaka*).

Der Pali-Kanon ist die Schriftensammlung einer bestimmten Schule des frühen Buddhismus, nämlich der Theravadins. Bereits zur Zeit des Kaisers Ashoka (reg. 268–239 v. Chr.) gab es jedoch schon 18 Schulen des Buddhismus. Auch diese hatten jeweils Schriftensammlungen, die für sie verbindlich waren und zum Teil erheblich vom Kanon der Theravadins abwichen. Diese Sammlungen sind nicht vollständig erhalten, aber zumindest die Schriftensammlungen der Schule der Sarvastivadins und der Mulasarvastivadins kennen wir durch Funde aus Zentralasien. Diese Texte sind nicht in Pali, sondern in Sanskrit verfasst. War man noch bis in die 1960er Jahre der Meinung, dass Pali die Sprache der ältesten buddhistischen Überlieferung sei, so musste diese Meinung korrigiert werden, weil die Fragmente von Texten in Sanskrit, die in Zentralasien und auch am Hindukusch (im heutigen Afghanistan und nördlichen Pakistan) gefunden wurden, mindestens ebenso alt sind.

Ganz andere Überlieferungen finden sich in den Sutras des Mahayana-Buddhismus, die seit dem ersten vorchristlichen und dem ersten nachchristlichen Jahrhundert in Sanskrit verfasst wurden. Die ältesten von ihnen sind also etwa so alt wie der Pali-Kanon, einige sind wohl allerdings auch erst im 5. oder 6. Jahrhundert in Nord- und Südindien entstanden. Sie werden nicht auf die Predigten des historischen Buddha in seiner menschlichen Gestalt zurückgeführt, sondern sie gelten als in einer feinstofflich-«himmlischen» geistigen Gestalt «verkündet». Sie mythisieren die Geschichte des Buddha und die Umstände ihrer Entstehung. Sie enthalten nicht nur die Lehren des Buddha, sondern berichten von seiner kultischen Verehrung, ja, die Texte selbst genießen kultische Verehrung. Aus diesem Grund werden sie auch in gekürzter und teils äußerst kondensierter Form überliefert, manchmal auf wenige Silben reduziert, die als Mantras kalligraphisch geschrieben, meditiert und gemurmelt werden, und das in allen wesentlichen Sprachen der Überlieferung dieser Texte: Sanskrit, Chinesisch, Tibetisch, Koreanisch, Japanisch.

Aus der ungeheuren Textmenge dieser Sutras seien hier nur einige wenige herausgegriffen: Zur Prajnaparamita-Literatur gehören mehr als 30 Werke, die ganz unterschiedlichen Umfang haben, von über 100 000 Strophen bis zu wenigen Zeilen. Vor allem das Herz-Sutra und das Diamant-Sutra sind für den Zen-Buddhismus in China und Japan wichtig geworden. Die Avatamsaka-Texte entwerfen in mythopoetischen Bildern ein ganzheitliches Konzept des Universums, in dem alles mit allem zusammenhängt. In der Ratnakuta-Sammlung befindet sich das Vimalakirti-Sutra, das in Ostasien außerordentlich beliebt ist. Es erzählt, an einigen Stellen äußerst humorvoll, von der Weisheit des Laien Vimalakirti, der an Einsicht dem etwas eingebildeten Mönch Shariputra weit überlegen erscheint. Die Sukhavativyuha-Sutras erzählen vom Reinen Land des Buddha Amitabha im Westen. Er hält es als idealen Ort der Wiedergeburt für diejenigen bereit, die seinen Namen in gläubigem Vertrauen (jap.: *Namu Amida Butsu*) anrufen. Diese Form des Buddhismus ist die in China und Japan am weitesten verbreitete. Das Mahaparinirvana-Sutra beschreibt den Eintritt des Buddha in die vollständige Verwandlung (*nirvana*) aus der Sicht des Mahayana. Das Lotos-Sutra ist der wohl am weitesten verbreitete Mahayana-Text in Ostasien, es ist als die «Bibel Ostasiens» bezeichnet worden. Es spielt vor allem für die Nichiren-Buddhisten in Japan eine zentrale Rolle (s. Frage 18). Das Lankavatara-Sutra ist bedeutsam für die Bewusstseinsphilosophie der Yogacara-Tradition, die auch den chinesischen und japanischen Zen-Buddhismus mitgeprägt hat.

Zu dieser schier unglaublichen Fülle von Texten kommen nun aber noch die Textsammlungen des tantrischen Buddhismus hinzu. Dieser bildete sich in Indien seit dem 4. oder 5. Jahrhundert n. Chr. heraus, ging wohl hauptsächlich von Bengalen aus und hat sowohl den Buddhismus als auch den Hinduismus erfasst und neu geprägt. Das Eigentümliche darin ist die «Sakramentalisierung» der gesamten Wirklichkeit, d. h. auch das Materielle, das Sinnliche, die Begierden und Triebe können als Träger des Buddha-Bewusstseins verstanden werden. Alles ist demnach durchdrungen von geistiger Energie, es muss nur kultiviert und durch Konzentration aller Kräfte in den einen Strom der Reinigung, Überwindung des Getrennten und das Licht der Einheit getaucht werden. Das Zerstörerische (Begierde, Hass usw.) wird in den Dienst der Vervollkommnung gestellt. In diese Strömung fließt alles Bisherige ein, also die philosophischen Systeme des Mahayana (Madhyamaka und Yogacara) wie auch mythische und devotionale Traditionen aus indischen (und später tibetischen) Traditionen. Diese Form des Buddhismus baut auf dem Tripitaka auf, erweitert aber die Methoden der geistigen Vervollkommnung erheblich: Visualisierung von Farben, Formen, friedvollen und zornvollen Gestalten (auch in erotischer Vereinigung) usw. werden als Übungshilfen benutzt, um die Einheit der Wirklichkeit zum Ausdruck zu bringen. Der tibetische und der mongolische Buddhismus sind ganz und gar von dieser Tradition geprägt.

In kondensierter Form sind folgende Sammlungen von Quellentexten für den Buddhismus anzuführen:

1. Pali-Kanon bzw. Tipitaka (1. Jahrhundert v. Chr.), entstanden in Ceylon,
2. Chinesisches Tripitaka (518 n. Chr.), in dem 2113 Werke aufgelistet werden, von denen aber nur 276 erhalten sind (die japanische Ausgabe von 1924–34 zählt 3360 Werke in Chinesisch und Japanisch; die enorme Schriftensammlung wird zurzeit ins Englische übersetzt),
3. Kanjur und Tanjur, die tibetischen Sammlungen von Sutras, Vinaya und Tantras in 108 Bänden (Kanjur) und Abhandlungen bzw. Kommentare zu Logik, Grammatik, Medizin usw. in 225 Bänden (Tanjur).

18. Gibt es Schriften, die für alle Buddhisten verbindlich sind? Für alle Buddhisten gilt der Pali-Kanon als verbindlich. In den Schulen des Mahayana kommen einzelne Schriften hinzu, die sogar exklusiv als verbindliche Grundlage eben nur dieser einen Schule gelten. So ist etwa das Lotos-Sutra verbindlich für die Nichiren-Schule in Japan, aus der die großen Laien-Bewegungen Soka Gakkai und Rissho Kosei Kai am Ende des 19. und Anfang des 20. Jahrhundert hervorgegangen sind (s. Frage 76). Hingegen sind das kürzere und das längere Sukhavativyuha-Sutra so etwas wie «Gründungsdokumente» der Schulen des Reinen Landes, zu denen in China und Japan die meisten Anhänger des Buddhismus zählen. Das Herz-Sutra und das Diamant-Sutra haben dagegen den Status einer Quasiverbindlichkeit für die Zen-Schulen, es sind Texte, auf die man sich beruft und die höchste Wertschätzung, ja Verehrung genießen. Bestimmte Tantras wiederum gehören zum «Kanon» (Kanjur) des tibetischen und mongolischen Buddhismus, sie gelten nicht als Kommentare, sondern als grundlegende Lehren des Buddha.

Aber was heißt «verbindlich»? Der Buddha hat am Ende seines Lebens erklärt, dass man nicht trauern solle, wenn er ins Nirvana eingehe und nun nicht mehr körperlich anwesend sei. Er habe ja den Dharma hinterlassen. Dieser sei es, der nun die Mönchs- und Nonnengemeinschaften ebenso wie die Laien leiten werde. Der Dharma also ist das, was für alle Buddhisten «verbindlich» in dem Sinne ist, dass, wer ihn praktiziert, als Buddhist bezeichnet werden kann, und wer das nicht tut, als Nichtbuddhist. Der Dharma ist die Lehre, die sich aus Anschauungen, meditationspraktischen Empfehlungen und Lebensregeln (für Laien und Mönche verschieden) zusammensetzt. Aber der Dharma ist nicht identisch mit einer bestimmten Sammlung von Schriften. Er ist eher zu verstehen als eine Grundhaltung des Geistes mit entsprechender Auswirkung auf das Verhalten von Denken, Rede und Körper. Das ist die klassische buddhistische Einteilung. Der Dharma ist demnach zuallererst Praxis, die allerdings angeleitet sein muss durch Einsicht und Verstand, durch Theorie also. Das intellektuelle Studium der Schriften genügt nicht, um den Dharma zu realisieren. In vielen (nicht allen) buddhistischen Traditionen ist ohne die «Einweihung» durch entsprechend qualifizierte Lehrer der Dharma nicht recht wirkungsvoll. Der Lehrer (ind.: Guru, tib.: Lama, chin.: Shifu, jap.: Roshi, dt.: Meister) vermittelt nicht nur intellektuelles Wissen, sondern überträgt «Kraft», Fluidum, Charisma. So, wie wir es auch von Künstlern kennen und erfahren.

19. Werden die Texte als Offenbarungen betrachtet? Der christliche Begriff «Offenbarung» ist die Übersetzung des griechischen Wortes *apokalypsis*, was wörtlich «Enthüllung» bedeutet, d. h., die verborgenen Pläne Gottes werden dem Eingeweihten mitgeteilt. In der jüdischen Literatur – in den Jahrhunderten vor der Geburt Jesu und nach der Geburt Jesu – gab es viele Schriften, die zur apokalyptischen Literaturgattung gezählt werden. Die Schriften, die dann als «Neues Testament» zur christlichen Offenbarung zusammengestellt wurden, sind zunächst einzeln verfasst und an unterschiedlichen Orten überliefert worden; die letzte dieser Schriften hat den Titel «Apokalypse des Johannes». Die Herausbildung verbindlicher Schriftensammlungen hat Jahrzehnte, ja teils Jahrhunderte in Anspruch genommen und war auch religionspolitisch geprägt. Bis heute unterscheiden sich christliche Traditionen darin, was zum «Kanon» (wörtl.: «Richtschnur») gerechnet wird und was nicht. Gleichwohl gelten für viele Christen die in der Bibel versammelten Schriften als von Gott inspiriert, für manche sogar wörtlich (Verbalinspiration).

Ein solche Offenbarung gibt es im Buddhismus nicht, und zwar schon deshalb, weil es keinen über allen Dingen stehenden Gott gibt, der sich in diesem Sinne mitteilen würde. Buddhisten sind davon überzeugt, dass der Pali-Kanon die Reden des Buddha enthält. Diese Reden sind Gelegenheitspredigten, und selbst wenn die Mönchsregel (*vinaya*) erklärt wird, geschieht dies im Kontext konkreter Probleme und Fragen, die im Alltag der frühen Mönchsgemeinde auftraten. Freilich «offenbart» der Buddha darin seine Weisheit, die einem Menschen ohne die tiefe Einsicht eines Buddha nicht zugänglich ist. Die engsten Schüler des Buddha haben, so die Überlieferung, gleich nach dem Tod des Meisters eine Versammlung abgehalten und gemeinsam die Erinnerung an den exakten Wortlaut der Reden des Meisters bestätigt. So werden viele Reden mit den Worten eingeleitet: «So habe ich gehört ...»

Anders ist es bei vielen Mahayana-Sutras und -Tantras, in denen der Buddha seine Erkenntnis in seiner feinstofflichen Gestalt (*sambhogakaya*) «offenbart» hat, die nicht an unsere normalen Grenzen von Raum und Zeit gebunden ist, sondern wo die Wirklichkeitssphären einander durchdringen und Himmelswesen den Buddha begleiten und die Hörenden in den Zustand von verzückter Seligkeit versetzen. Hier geht es also ganz wunderbar und wundersam zu. Einem rational operierenden Bewusstsein erscheinen diese Umstände und Begleiterscheinungen als unmöglich, einem Bewusstsein aber, das in seine eigenen Tiefenschichten eingedrungen ist, gleichsam in ein «kollektives Überbewusstes», erscheinen diese «Offenbarungen» als Formen des einen Bewusstseinskontinuums, das Raum und Zeit übersteigt und an dem jeder Mensch Anteil hat. Dies ist jenen Erscheinungen ähnlich, die Menschen in Träumen und vor allem in meditativen Zuständen «offenbart» werden können. Was sich also in solchen Offenbarungen zeigt, ist die meist verborgene Qualität des Geistes, in der auch das menschliche Bewusstsein seine Wurzeln hat.

20. Gibt es noch andere Dokumente? Die buddhistische Literatur ist vielfältig und reich an ganz unterschiedlichen Gattungen. So gibt es in der Pali-Literatur die Geschichte von den früheren Leben des Buddha (*Jatakas*), die erzählen, wie er durch ständige Praxis und mitfühlendes Verhalten gegenüber Menschen und Tieren, durch aufopferungsvolle Hingabe auch des eigenen Lebens für andere allmählich zum Buddha heranreift. Außerdem sind hier die *Theragatas* und *Therigatas* zu erwähnen, die Lieder der Mönche und Nonnen. Sie sind Preislieder und Erbauungsliteratur, welche die hohen moralischen und geistigen Ansprüche des Buddha an seine Schüler und Schülerinnen zum Inhalt haben. Ferner gibt es die Lebensgeschichten des

Buddha, die Jahrhunderte nach seinem Tod immer weiter ausgeschmückt wurden. Wahrscheinlich gehen sie auf Erzählungen zurück, die Mönche und Laien in den Pilgerzentren des Buddhismus an die Pilger weitergaben, um sie zu erbauen, zu lehren, moralisch zu instruieren und Spenden einzuwerben. Diese Pilgerzentren waren zunächst die Orte der Geburt, der Erleuchtung, der ersten Predigt und des Todes (*parinirvana*) des Buddha, dann aber auch alle Orte, an denen Reliquien des Buddha, später auch «heiliger» Mönche und sogar hochverehrte Schriftstücke, in Stupas eingeschreint, durch Umkreisung des Ortes (*parikrama*) verehrt wurden.

Bald kam es auch zu bildlichen Darstellungen dieser Geschichten, die wir als Reliefs an den äußeren Umzäunungen der Stupas (vor allem Bharut und Sanchi in Zentralindien) sowie Malereien in Höhlen (Ajanta im Hinterland von Mumbai, ferner Dun Huang und Turfan in Zentralasien) bis heute bewundern können. Wurde in ältester Zeit der Buddha selbst nicht dargestellt (denn er war ja ins Nirvana eingegangen, das gestaltlos ist) und seine Präsenz symbolisch etwa durch das Rad der Lehre oder seine Fußabdrücke angezeigt, so änderte sich dies unter griechischem Einfluss mit den Buddha-Darstellungen von Sarnath und Nordwestindien (heute Pakistan und Afghanistan). Hier haben wir Vollplastiken des Buddha, sitzend oder stehend, mit charakteristischen Mudras (Handstellungen), die jeweils symbolisch auf die Geschichte des Buddha und/oder Qualitäten seiner Lehre hinweisen. Ferner sind die Edikte des Kaisers Ashoka früheste Dokumente des Buddhismus. Sie sind in Felsen gehauen oder auf Säulen eingraviert, um so den Dharma als Richtschnur des kaiserlichen Handelns und seiner erzieherischen Wirkung zu dokumentieren. Diese Dokumente zählen zu den ältesten schriftlichen Zeugnissen der indischen Kultur überhaupt.

Zu diesen Textdokumenten kommen noch weitere hinzu, etwa Spenderlisten, die an den Stupas eingeritzt sind, oder auch Erwähnungen der Buddhisten in nicht buddhistischen Schriften. Letzteres bis hin zu griechischen Quellen, zu denen auch der Kirchenvater Clemens von Alexandrien gehört, der in seinen *Stromateis* («Teppichen») den Lebenswandel buddhistischer Mönche erwähnt und hochschätzt. Außerdem sind die Dokumente der Malerei, der Reliefs und Plastiken sowie der Münzprägungen zu erwähnen.

Theoretische Grundlagen

21. Ist der Buddhismus Religion oder Philosophie? Der Buddhismus ist beides. Philosophie ist die systematische Suche nach Erkenntnis, vor allem den Erkenntnisbedingungen aufgrund der Funktionsweisen des Bewusstseins. Religion ist die alles umfassende Deutung von Wirklichkeit sowie die kultische und lebenspraktische Umsetzung dieser Deutung in langfristige kollektive wie individuelle Handlungsstrategien. In diesem Sinne ist der Buddhismus Religionsphilosophie und philosophische Religion in einem. Das hat er im Übrigen mit anderen Traditionen wie z. B. dem Christentum gemeinsam. Die Behauptung, dass es sich beim Buddhismus eher um Philosophie als um Religion handele, geht auf seine Rezeption im Westen im späten 19. Jahrhundert zurück (s. Frage 15).

Der Buddha lehrte eine Methode tieferer Erkenntnis, eine spezifische Verbindung von Rationalität und Meditation, die durch eine bestimmte Lebenspraxis möglich wird. Dies geschieht im Zusammenleben einer freiwilligen Gemeinschaft, die sich in einer als verbindlich erklärten Lebensweise auf dieses Ziel konzentriert. Dabei bildete sich in Indien von Anfang an eine Differenz zwischen den «Virtuosen» (Mönche und Nonnen) und den «Laien» heraus, also denen, die sich ausschließlich dem genannten Ziel widmeten, und denen, die zwar die Grundprinzipien der Lebensform praktizierten, ansonsten aber ihrem Broterwerb im Rahmen der damals üblichen Lebensweisen nachgingen. Beide waren und sind aufeinander angewiesen: die Laien spenden den Lebensunterhalt der Mönche, die Mönche unterweisen die Laien in der Lehre. Während also die Mönche und Nonnen ein Leben nach der strengen Regel des Buddhismus führen und auf dieser Grundlage meditieren sowie die Schriften studieren (die Nonnen im geringeren Maße), obliegt es den Laien, durch Spenden und Verehrung des Buddha und der Virtuosen ihr Karma zu verbessern, d. h., ihren Geist zu reinigen und eine auf die fünf Prinzipien des Buddhismus (Vermeidung von Töten, Stehlen, sexuellem Fehlverhalten, Lügen, berauschenden Substanzen) gegründete Lebenspraxis aufzubauen. Die Spendenpraxis charakterisiert bis heute das Lebensgefühl in buddhistischen Ländern: Durch die Spende der Laien an die Mönche – ob

Bauprojekte oder Bibliotheken, die Einrichtung von Schulen oder eben die Spende der täglichen Nahrung – werden weniger die Mönche als vielmehr die Laien beschenkt, denn sie haben dadurch die Gelegenheit, gutes Karma zu erwerben. Das ist das wichtigste Ziel im Leben eines Buddhisten, damit, in den Fußspuren des Buddha, durch viele Wiedergeburten hindurch der Geist so gereinigt und zur Reife gebracht werden kann, bis einmal das Nirvana erreicht ist.

Die Verehrung für den Buddha und die Verehrung für den Samgha (der Mönche und Nonnen) wurden von Anfang an auseinandergehalten, d. h., die Spenden kamen und kommen in verschiedene Töpfe. Die Spenden für den Buddha manifestieren sich vor allem in der Finanzierung von Kunstwerken in Form von Stupas bzw. Pagoden, Reliquienschreinen, die mit der bebilderten Lebensgeschichte des Buddha geschmückt werden. Sie ziehen Pilger an, die wiederum spenden und auf diese Weise eine ganze Pilgerschaftsökonomie in Gang setzen. Vor den Buddha-Statuen werden Blumen, Früchte und Wasser dargebracht, dabei werden buddhistische Texte für das Wohlergehen aller Lebewesen rezitiert. Aber auch für eigene Wünsche, die durchaus «weltlichen» Inhalt haben, kann gebetet werden. Mönche sollten dies nicht tun, weil es egozentrisch motiviert sein könnte und auch nicht der buddhistischen Philosophie entspricht, wonach der Buddha kein Wesen außerhalb ist, das aufgrund von Gebeten in das menschliche Schicksal eingreifen würde. Aber die Praxis der Laien kennt durchaus den kultischen Ausdruck von Wünschen und auch die Wiedergutmachung von bösen Taten durch Spenden an den Buddha und die Mönche – auch das ist Teil der täglichen buddhistischen Praxis. Und das soll nicht Religion sein?

22. Was bedeutet es, Zuflucht zum Buddha zu nehmen? Buddhist wird man, indem man vor Zeugen die Formel der dreifachen Zuflucht beim Buddha, dem Dharma und dem Samgha spricht, den sogenannten Drei Juwelen (*triratna*). Um eine gültige Ordination vollziehen zu können, waren mindestens fünf Zeugen nötig, im Falle der Zuflucht von Laien konnten es auch weniger sein. Die Formel wird bis heute in allen buddhistischen Ländern auf Sanskrit bzw. Pali rezitiert: *Buddham sharanam gacchami, dharmam sharanam gacchami, samgham sharanam gacchami* («Ich nehme Zuflucht zum Buddha, ich nehme Zuflucht zum Dharma, ich nehme Zuflucht zum

Samgha»). Natürlich kann man nach buddhistischen Anleitungen die buddhistische Praxis ausüben, ohne dieses Gelöbnis zu sprechen, aber die sozial anerkannte Zugehörigkeit zur buddhistischen Gemeinschaft des vierfachen Samgha (Mönche, Nonnen, Laienanhänger, Laienanhängerinnen) verlangt das hörbare Nachsprechen der Formel. *Sharana* bezeichnet ursprünglich die Hütte, die vor Unwetter, wilden Tieren oder anderen Gefahren Schutz bietet. «Ich gehe» (*gacchami*) also zur Buddha-Schutzhütte usw. Das Bild ist der christlichen Vorstellung von der Schutzmantelmadonna nicht unähnlich.

Warum ist die Formel dreifach? Der Buddha hat den Dharma gelehrt, der nun im Samgha gepflegt und weitergegeben wird. Es geht also zentral um den Dharma und um dessen Verwirklichung unter den historischen Bedingungen von Raum und Zeit. Der Dharma lehrt die Einsicht in den Zusammenhang der Welt und in die Funktionsweisen des Bewusstseins. Er zeigt auf, wie ein Leben gelebt werden muss, das zum Erwachen führt und damit dem Kreislauf von Begierde, Hass und Unwissenheit ein Ende setzt. Sich dieser Schulung aktiv zu unterziehen, ist Inbegriff des buddhistischen Weges. Insofern ist die dreifache Zuflucht eine Selbstaufforderung, den Dharma zu studieren, meditativ zu durchdringen und lebenspraktisch zu verwirklichen.

23. Gibt es Grundannahmen (Axiome), die für alle Buddhisten verbindlich sind? Man sollte zwischen Grundannahmen und Voraussetzungen für die Praxis unterscheiden. Der Buddha lehnte metaphysische Spekulationen wie die Gottesvorstellung, die Idee einer unsterblichen Seele oder die Behauptung ewiger Seinsformen überhaupt als spekulativ und nicht beweisbar und letztlich als für die Praxis irrelevant ab. Vielmehr sollen die Anweisungen für die rechte Praxis befolgt werden, dann werde jeder selbst zur Erkenntnis gelangen, die über jeden Zweifel erhaben sei. Es geht um eigene Erfahrung und nicht um das folgsame Übernehmen von Behauptungen anerkannter Autoritäten. Auch die Worte des Buddha sollen nicht einfach übernommen, sondern überprüft werden. Um diese seine Grundhaltung zu verdeutlichen, verwendete der Buddha ein berühmtes Beispiel, das Gleichnis vom vergifteten Pfeil (Culamalunkya-Sutta, MN 63, 5): Wenn jemand von einem vergifteten Pfeil getroffen und von seinen Freunden zum Arzt gebracht werde, der sein Leben retten solle, so mache dieser Arzt seine Hilfe nicht davon abhängig, dass er zuerst erfahre, wer den Pfeil abgeschossen habe, zu welcher Kaste derjenige gehöre, ob er groß oder klein, von dunkler oder heller Hautfarbe usw. sei.

Wenn es eine Grundvoraussetzung gibt, dann die, dass alle Lebewesen, die den Dharma praktizieren, zur befreienden Erkenntnis gelangen können. Später drückte man dies so aus: Alle Lebewesen haben die Buddha-Natur, nein, *sind* die Buddha-Natur. Diese sei aber noch latent bzw. als Potential vorhanden, doch über viele Wiedergeburten hinweg werde jedes Lebewesen zur Buddhaschaft erwachen. Das setzt den Glauben an die Wiedergeburt voraus. Ist diese Vorstellung nun ein Axiom? Man kann so argumentieren, denn der Buddha habe zwar, so die Texte, in der Nacht seines Erwachens zunächst die eigenen früheren Existenzen und dann die Wiedergeburten aller Lebewesen erkannt. Über dieses Wissen verfügen jedoch andere Menschen nicht. Die Vorstellung der Wiedergeburt ist also eine Hypothese, die notwendig ist, um das buddhistische Lebensziel, nämlich die Buddhaschaft, zu erreichen. Man muss dem Buddha glauben, dass es so ist. Die Wiedergeburtslehre wiederum hängt an dem Gesetz vom Karma, und das ist sicherlich ein Axiom, das der Buddhismus allerdings für überprüfbar hält.

Karma ist die reziproke Kausalität. Demnach hat ein Impuls eine Wirkung gleichzeitig nach außen und nach innen. Wenn ich also beispielsweise eine Hand ausstrecke, hat dies die Wirkung einer veränderten Hand- und Körperhaltung, und die Beziehung zu anderen Menschen, die mir gegenüberstehen, hat sich dadurch verändert. Gleichzeitig hat diese Handlung eine Wirkung nach innen: Sie prägt mein Bewusstsein. Wenn die Hand mit freundlicher Absicht ausgestreckt wird, trägt dies zu einer freundlichen Beziehung mit meinem Gegenüber bei, und gleichzeitig entsteht eine Einprägung (griech.: *charaktér*) im eigenen Bewusstsein, welche die Neigung zu einer freundlichen Geste verstärkt. So entstehen Gewohnheiten. Gleiches gilt auch für das Ausstrecken der Hand mit böswilliger Absicht. Lebewesen sind geprägt von eigenen Gedanken, Worten und Handlungen in der Vergangenheit; sie machen den Charakter aus. Auch die genetischen Konditionen sind nach buddhistischer Karma- und Wiedergeburtslehre Resultate der eigenen Geschichte in vergangenen Lebenszeiten. An diese erinnert man sich gewöhnlich nicht, aber sie sind als Erinnerung im Körper «somatisiert». Dies also könnte als Axiom, als Grundvoraussetzung, gelten.

Wie in Frage 11 erwähnt, traf der Buddhismus in China auf eine Kultur, die wesentlich von der Ahnenverehrung geprägt war, was einen Widerspruch zur Wiedergeburtslehre bedeutet. Auch die chinesischen Buddhisten glauben an Wiedergeburt, aber diese Vorstellung spielt im Leben keine so große praktische Rolle wie etwa in Indien oder in Tibet. In China kommt es vielmehr darauf an, dieses Leben zu nutzen und möglichst intensiv zu praktizieren, damit das Erwachen plötzlich und spontan hier und jetzt möglich wird. Das ist die Grundhaltung des Ch'an (jap.: Zen).

Zwei Tendenzen gibt es im Buddhismus: Erstens, die Lehre in detailliertesten Aufzählungen darzulegen, komplexe Zusammenhänge in einzelne Bestandteile zu zerlegen und eine geradezu scholastisch anmutende Psychologie und Erkenntnistheorie aufzubauen. Zweitens, Worten und Begriffen zu misstrauen, Abstraktionen abzulehnen und immer wieder auf die einfache sinnliche Erfahrung im Hier und Jetzt zurückzuführen, weil das, was das «Erwachen» (bzw. «Erleuchtung» oder «Nirvana») letztlich meint, nicht in Worten ausgesagt werden kann. Denn Worte spalten die Welt in Subjekt und Objekt, die buddhistische Erfahrung aber überbrückt diesen Gegensatz, Subjekt und Objekt werden eins. Diese begriffsskeptische Einstellung ist vor allem für den Zen-Buddhismus charakteristisch. Dennoch verzichtet auch Zen nicht völlig auf Worte und Begriffe, die ein Leitfaden für die Praxis sind.

Hier unterscheidet man zuallererst die drei grundlegenden Merkmale aller Existenz, sie sind gleichsam Axiome, von denen aber gilt, dass genau dies der Buddha in seiner Meditation unter dem Bodhi-Baum erfahren und dann als Erkenntnis in den drei Begriffen für alle späteren Zeiten gültig formuliert habe: *Sarvam duhkham – Sarvam anityam – Sarvam anatman.* «Alles ist leidvoll bzw. frustrierend, alles ist unbeständig, alles ist ohne wesenhafte Selbstidentität.» Man beachte: Die Vergänglichkeit der Dinge als solche ist nicht «leidvoll», sondern die falsche menschliche Einstellung dazu ist es: Der Mensch haftet an und will nicht mit dem Strom der Veränderung mitgehen, und das ist eher «frustrierend» als leidvoll (*duhkha*) und schafft alle anderen Probleme. Eine weitere Grundannahme ist die, dass das Übel in der Welt bzw. das Unglück des Menschen aus der Unwissenheit kommt. Wird die Unwissenheit überwunden, ist der Mensch befreit, der Weg zum Erwachen bzw. zum Nirvana steht ihm offen. Die Freiheit von der Unwissenheit kann direkt mit dem Erwachen identifiziert werden.

Schon in der frühesten buddhistischen Literatur werden diese Gedanken in der Rede von den «Vier edlen Wahrheiten» ausgedrückt. Ob der Buddha sie selbst so und in dieser Gestalt bei seiner ersten «Predigt von Benares» im Tierpark von Sarnath bei Varanasi in Nordindien (mehrfach überliefert, z. B. Vin 1,10; MN 14, 2) formuliert hat, ist in der heutigen Forschung umstritten. Aber dass in diesen vier Sätzen ursprüngliches, also für den Buddhismus grundlegendes Gedankengut formuliert wird, unterliegt keinem Zweifel. Sie lauten: 1) Alles Anhaften an vergänglichen Dingen führt zur *Frustration*. 2) Das hat eine erkennbare *Ursache*. 3) Der Mensch *kann sich* von der Ursache dieses leidvollen Zustandes *befreien*. 4) Dies ist der *Weg* zur Befreiung. Der Edle Achtfache Pfad.

Die Formulierung folgt dem Modell medizinischer Diagnosen, wie es in Indien gebräuchlich war: Es wird festgestellt, 1. dass alles Dasein *duhkha* ist (Feststellung der Krankheit), 2. dass die Ursache von *duhkha* das Begehren (*trishna*) ist, 3. dass dieser Zusammenhang erkannt und beendet (*duhkhanirodha*) werden kann (Möglichkeit der Therapie) und nun 4. der Weg zur Überwindung gezeigt wird (Mittel der Therapie), der darin besteht, die fundamentale Unwissenheit des Menschen über sich selbst aufzuheben. Dieser Weg wird im «Edlen Achtfachen Pfad» (*aryashtangamarga*) zur Überwindung des Leidens beschrieben. Er beinhaltet folgende Elemente: ganzheitliche Anschauung, ungeteilter Entschluss, untadelige Rede, vollkommenes Handeln, ganzheitliche Lebensführung, ausgewogene Anstrengung, unablässige Achtsamkeit und ganzheitliche Einswerdung. Es geht also um den konkreten Weg der Überwindung von *duhkha*, alles anderes ist zweitrangig.

24. Lehrt der Buddha «Karma»? Die Karma-Theorie (skt.: *karman*) ist eine Grundanschauung, die sich in Indien bereits seit der Zeit der älteren Upanishaden, etwa seit dem 8. oder 7. Jahrhundert v. Chr. herausgebildet hat. Der Buddha hat die Karma-Lehre also bereits vorgefunden. Sie hat (fast) alle indischen Religionen und philosophischen Systeme geprägt, auch den Buddhismus. Allerdings gibt es Unterschiede zu den brahmanischen Traditionen (Hinduismus) hinsichtlich der Frage, was denn genau wiedergeboren wird (s. Frage 42).

Die Karma-Lehre ist, wie oben (Frage 23) bereits angedeutet, eine Kausalitätstheorie im Sinne reziproker Kausalität: Eine Wirkung beeinflusst reziprok auch das, wovon die Wirkung ausgegangen ist, und verstärkt dadurch Tendenzen oder «Gewohnheiten». So heißt es in der (vorbuddhistischen) Brihadaranyaka-Upanishad (4,4.5.): «Wie einer denkt, wie einer handelt, so wird er.» Man kann daher auch sagen, dass Karma die Geschichtlichkeit der Welt beschreibt, dass es nichts Beständiges gibt, sondern dass alles Entwicklung ist, wobei sich bestimmte Muster und Strukturen immer deutlicher herausbilden. Was ich jetzt bin, bin ich also aus meiner Geschichte. Erst wenn alle karmischen Impulse bzw. Spannungen ausgeglichen sind, kommt das Werden zum Ende. Dies ist dann ein Zustand der Ruhe, des Friedens, der Befreiung. Indische Religionen haben für diesen Zustand verschiedene Begriffe gefunden, aber es geht immer um einen Zustand jenseits des Kreislaufs des Werdens und Vergehens (*samsara*). Die Erfahrung lehrt, dass diese Auflösung der Spannungen (oder abstrakt ausgedrückt: das Gefälle von Potential und dessen Verwirklichung) in einer Lebenszeit nicht möglich ist. Deshalb rechnet man mit zahlreichen Wiedergeburten. So stützt die Wiedergeburtslehre die Karma-Theorie, und die Karma-Theorie ist Voraussetzung für eine hinreichende Begründung der Wiedergeburtslehre. Anders ausgedrückt, der Mensch ist viel mehr als das, was er in einem Leben verwirklichen kann, darum ist der Glaube an die Wiedergeburt die vernünftige Konsequenz.

25. Was ist das buddhistische «Nichts»? Dies ist eine missverständliche Übersetzung des Sanskrit-Wortes *shunyata*. Es bedeutet «Leerheit» und bezeichnet zunächst einen (leeren) Hohlraum. Etymologisch kann das Wort, das von der Wurzel *svi* abgeleitet ist, auch «schwellen» bedeuten, also etwa einen Ballon bezeichnen, der aufgeblasen wird, äußerlich anschwillt, aber innen «leer» ist. (Natürlich ist er mit Luft gefüllt, aber dies sei hier außer Acht gelassen.)

Der Begriff der Leerheit kommt zwar im frühen Buddhismus schon vor, spielt aber erst im Mahayana, und dann vor allem im Buddhismus Ostasiens eine große Rolle, wohl auch, weil es in China im Daoismus ähnliche Vorstellungen gibt. Im Mahayana wird der Begriff der Leerheit (oder eben des «Nichts») von dem maßgeblichen

Philosophen Nagarjuna im 2. Jahrhundert n. Chr. so definiert: Leer sind die Erscheinungen bzw. Dinge der Welt, weil sie keine Eigenexistenz (*svabhava*) bzw. «inhärente Existenz» haben: es ist, was es ist, durch das, was es nicht ist. Nehmen wir als Beispiel Licht und Schatten. Beide sind voneinander abhängig, Licht ist nicht aus sich selbst heraus dieses «etwas», sondern in Abgrenzung (De-finition) von dem, was es nicht ist, also dem Dunkel. Das gilt auch umgekehrt und für alle Dinge in der Welt. Darauf baut Nagarjuna seine Logik auf: Ein Raum A ist im Unterschied zum Raum B das, was er ist, d. h., A ist A nur dadurch, dass es durch die Trennlinie zu B bestimmt wird. Diese Trennlinie ist weder A noch B, sondern sie stellt die Relation dar, die sich ergibt, wenn A und B als zwei betrachtet werden, d. h., sie ist A und B zugleich. B ist nur, weil A ist, und A ist nur, weil B ist. A und B «entstehen in wechselseitiger Abhängigkeit voneinander». Es ist die Beziehung, die sie zu dem macht, was sie sind. Oder noch umfassender formuliert: Zuerst kommt die Beziehung, dann die «Substanz». Die Beziehung ist eine Struktur, ein formales Prinzip, aus dem heraus sich alles ereignen kann. Aus diesen Wechselwirkungen von Potentialen entsteht die Welt. Leerheit (oder «Nichts») meint also den unendlichen Möglichkeitsraum, aus dem sich dann in wechselwirkender Relationalität das bildet, was wir als Wirklichkeit wahrnehmen und erkennen können. Das Nichts hat demnach hier die Funktion des «schöpferischen Prinzips».

Im 19. Jahrhundert wurde dies missverstanden, insbesondere die christliche Polemik hat dem buddhistischen Denken «Nihilismus» unterstellt, wobei man aufgrund des Übersetzungsproblems dem Irrtum verfiel, diese Leerheit mit der existentiellen Kategorie des Nihilismus zu identifizieren. Eher ist das Gegenteil der Fall: Bereits in den frühesten buddhistischen Schriften wird klargestellt, dass der Buddha sowohl eine nihilistische Interpretation («Es existiert überhaupt nichts wirklich») als auch eine essentialistische Interpretation («Die Dinge existieren als dauerhafte Substanzen») abgelehnt und einen mittleren Weg gelehrt habe: «Alles existiert in wechselseitiger Abhängigkeit.»

26. Woher kommt Hoffnung, wenn alles «Nichts» ist? Der Buddha hat nicht das «Nichts», sondern wechselseitige Abhängigkeit gelehrt. Allerdings besagt das auch, dass alles nicht-beständig (*sarvam* *anityam*) ist. Dies ist eine Erfahrungstatsache. Es gibt nichts Beständiges, auch keine Seele, die dem Werden und Vergehen entzogen wäre. Dazu wird eine berühmte Geschichte erzählt: Zum Buddha kam eine verzweifelte Frau, die den plötzlichen Tod ihres Kindes beweinte und untröstlich war. Der Buddha versprach, ihr zu helfen, und trug ihr auf, alle Häuser der Umgebung aufzusuchen und einen Behälter voll Salz aus dem Haus mitzubringen, wo es in letzter Zeit keinen Todesfall und keinen Anlass zur Klage gegeben habe. Nach mühevoller Suche kehrte die Frau mit leeren Händen zum Buddha zurück. Sie hatte verstanden. Die Vergänglichkeit ist das Schicksal von allen.

Hoffnung (skt.: *asha*) ist im Buddhismus kein zentraler Begriff, denn es geht vorrangig um Erkenntnis. Allerdings gibt es nun doch subtilere Formen von Hoffnung, die Voraussetzung bzw. Inbegriff der buddhistischen Lebenspraxis sind. So bedeutet der buddhistische Begriff *shraddha* Vertrauen oder Glauben. Im Buddhismus liegt der Fokus auf der Gegenwart und der geistigen Transformation im Jetzt, die nicht so sehr von Hoffnung auf die Zukunft, sondern von Einsicht in den Mechanismus, der gegenwärtig Leiden verursacht, geprägt ist. Jeder kann zu dieser Einsicht gelangen, wenn er zu einer Praxis motiviert ist, die in einer Haltung der Selbstverantwortung gründet. Dies allerdings setzt Vertrauen in den Buddha und die unmittelbaren Lehrer voraus, dass deren Zeugnis wahr ist. Der Vertrauensvorschuss ist also das Hoffnungspotential, das ganz entscheidend dafür ist, dass Motivation zur Praxis entwickelt und umgesetzt werden kann. Darüber hinaus spielt im Buddhismus des «Reinen Landes» das Vertrauen in die Wirksamkeit des Gelübdes des Amitabha-Buddha eine entscheidende Rolle. Er hatte gelobt, ein Reines Land für diejenigen zu schaffen, die seinen Namen vertrauensvoll anrufen. Glaube (Vertrauen) in die Kraft des Gelübdes des Bodhisattva erzeugt Hoffnung für die Wiedergeburt im Reinen Land, und diese Hoffnung ist für alle Buddhisten, die dieser Strömung des Buddhismus folgen (und das ist in Ostasien die Mehrheit), die zentrale Motivation für ein spirituelles Leben. Hoffnung auf ein besseres Leben in der Zukunft also, besser sowohl in weltlicher als auch in spiritueller Hinsicht. Während der Zen-Buddhismus auf den gegenwärtigen Moment fokussiert, hat der Buddhismus des Reinen Landes diese eschatologische, d. h. auf eine erfüllte Zukunft gerichtete Dimension. Für die Weißen Lotos-Sekten in

China und die Kalacakra-Tradition in Tibet bekommt diese Hoffnung sogar eine politische Bedeutung, die Hoffnung nämlich, dass ein zukünftiger Buddha auf Erden eine politisch bessere Gesellschaft errichten wird.

Die buddhistische Geschichtsbetrachtung ist allerdings eher negativ. Die Welt wird schlechter, der Dharma degeneriert. Ein Weltzeitalter löst das andere ab, bis wir schließlich im Kali-Yuga bzw. einer Endzeit vor der Weltvernichtung (jap.: *mappo*), dem Zeitalter mit den meisten Kriegen, Krankheit und der geringsten Moral leben. Aber auch hier ist Hoffnung angesagt. Denn wenn die Not am größten ist, wird der zukünftige Buddha Maitreya (der Liebende) erscheinen, um den Weg zum Heil erneut anzukündigen und den Dharma wieder aufzurichten, damit Menschen zum Nirvana gelangen können. Er wird meist gehend oder sitzend mit aufgestellten Beinen dargestellt, was bedeutet, dass er sich sogleich in Bewegung setzen kann. Das ist die Hoffnung der Buddhisten.

27. Was bedeutet der Satz «Formlose Form wird zur Form»? Dieser Satz ist ein Zitat aus dem Herz-Sutra und wurde von dem japanischen Zen-Meister Hakuin (1686–1769) in seinem berühmten *Zazen Wasan* (Preislied des Zazen) aufgenommen: «Der Pfad der Nicht-Zweiheit und Nicht-Dreiheit liegt offen / Formlose Form wird zur Form» (M. v. B. 2016: 85 f.). Form ist alles, was ein «etwas» ist, d. h. abgrenzbare Realität im materiellen, feinstofflichen und geistigen Bereich, und Leerheit bedeutet, dass dieses «etwas» eben dies, was es ist, durch seine Bezogenheit zum Anderen ist. Es handelt sich um zwei Betrachtungsweisen ein und derselben Sache, sie sind letztlich nicht voneinander zu trennen. Form wird formlos, und das Formlose wird Form. Die Bewegungen des Bewusstseins sind es, die den Unterschied schaffen. Die Erkenntnis, dass alles, was ist, in einer unendlichen «offenen Weite» gründet, wird in der buddhistischen Meditation direkt erfahren: Die Formel «Formlose Form wird zur Form» ist nicht nur eine logische Konsequenz aus dem Denken des Mahayana-Buddhismus, wie sie Nagarjuna formuliert hatte, sondern sie ist Resultat eines erwachten Bewusstseinszustandes, die vollkommene Nicht-Dualität aller Erscheinungen, ein Durchbrechen von Begrenzungen und Beschränkungen, die Raum und Zeit normalerweise setzen. Sprache kann nur in Analogien darauf hinweisen, weil sie an die

Dualität von Subjekt und Prädikat gebunden ist und Prädikate nur das aussagen, was sie im Unterschied zu jeweils anderem aussagen können, weil sie also von Abgrenzung gekennzeichnet sind. Dennoch kann das Bewusstsein diese Nicht-Dualität erfassen und abbilden, und in dieser Manifestation eines ganzheitlichen Hintergrundes der Wirklichkeit wurzelt die gesamte buddhistische Erfahrung.

28. Was ist das «Nirvana», und lebt der Buddha im Nirvana weiter? Nirvana heißt wörtlich «verwehen» oder «auslöschen». Es geht um ein Auslöschen der Begierde nach Sein in dem Sinne, dass Sein die Selbstbehauptung sich voneinander abkapselnder Identitäten darstellt, die dann miteinander in kontrastive und/oder synergetische Wechselwirkung treten. Der Buddhismus spricht aber, wie wir gesehen haben (s. Frage 25), diesen Entitäten Eigenexistenz (*svabhava*) ab, d. h., das Sein des einen ist nicht getrennt von dem Sein des Anderen, und nur aus dieser wechselseitigen Abhängigkeit entsteht das, was wir Existenz nennen. Wer dies erkennt, überwindet den Ich-Wahn, also die Einbildung einer unabhängigen Existenz. Weil aus dem Ich-Wahn einerseits die Begierde nach Dasein entsteht, und zwar um die Illusion zu nähren und aufrechtzuerhalten (ein Schein-Ich gibt sich Identität, indem es anderes begehrt), und andererseits Hass, wenn ebendiese Begierde frustriert wird, verschwinden mit der Erkenntnis der Nichtigkeit des Ich auch diese beiden anderen leidverursachenden Emotionen (*klesha*). Das Verwehen dieses Ich ist Nirvana, ein Bewusstseinszustand also, oder besser: eine Ebene von Intensität des Bewusstseinsstroms, die das gewöhnliche Bewusstsein übersteigt. Allerdings haben unterschiedliche buddhistische Traditionen gelegentlich diese Vorstellung auch reifiziert oder substantialisiert in dem Sinne, dass nun Nirvana als ein Bereich jenseits von Raum und Zeit in einer beinahe ontologischen Kategorienbildung verstanden werden konnte. Dennoch wird auch in volksreligiösen Vorstellungen das Nirvana nicht als ein «jenseitiger Ort» begriffen. Im Buddhismus des Reinen Landes z. B. wird der Gläubige zwar in Amida Buddhas Reinem Land wiedergeboren, wo er ohne Hindernisse die endgültige Befreiung erreichen kann, doch Nirvana ist auch hier keineswegs mit dem Reinen Land Amidas identisch. Nirvana ist die vollständige Befreiung von aller Unwissenheit, die Freiheit von jeglicher Begierde und Hass, es ist das, was die Buddhaschaft ausmacht, was also nach buddhistischer Auffassung jedes Lebewesen letztlich erlangen kann.

Dem Buddha werden nun aber auch in einem berühmten Text (MN 26 und Udana 8,3) Worte in den Mund gelegt, die signalisieren, dass es etwas Ungeborenes, Nicht-Gewordenes, Nicht-Gemachtes, Unbedingtes und Todloses gebe. Was ist das? Und was heißt «es gibt»? Das Nirvana wird hier als das «Todlose» (*amata*, skt.: *amrita*) bezeichnet, das nicht geboren (*ajatam*), nicht geworden (*abhutam*), nicht gemacht (*akatam*) und unbedingt (*asankhatam*, skt.: *asamskrita*), d. h. dem Entstehen und Vergehen nicht unterworfen sei. Es ist also keineswegs eine Auslöschung von «allem» (Itivuttaka 49), sondern ein «Ausblasen der Ich-Verhaftung».

Lebt nun der Buddha im Nirvana weiter? Dies ist eine jener Fragen, deren Beantwortung er selbst ablehnt (s. Frage 23), denn jede mögliche Antwort beruht nicht auf Wissen, sondern auf Spekulation. Gewiss kann man gute Gründe dafür anführen, dass der Buddha im Nirvana weiterlebt, z. B. die Meinung, dass empfindendes Bewusstsein ein kontinuierlicher Strom ohne Anfang und Ende ist, der nicht identisch mit körperlichen Vorgängen sein kann, weil diese von außen beobachtbar sind, Bewusstsein aber immer eine Innenperspektive hat, also von anderer Qualität als das Körperliche ist. Ebenso aber kann man gute Gründe dafür anführen, dass Sterben den Tod bedeutet und ein «Weiterleben», wo auch immer, unmöglich sei. Denn Bewusstsein ist an körperliche Vorgänge gebunden und wird von diesen beeinflusst, so dass es kaum möglich sei, Bewusstsein außerhalb von begrenzten räumlichen und zeitlichen Einschränkungen zu denken.

Allerdings ist ja das Ziel aller buddhistischen Praxis das Nirvana. Wie wir gesehen haben, wird dies nicht nur als «Verlöschen» (des Ich mit seinen Begierden) beschrieben, sondern als friedvoller Zustand des in sich ruhenden Bewusstseins. Das ist das höchste Gut. Man könnte davon nicht reden, wenn es davon keine Erfahrung gäbe, oder zumindest die Erwartung einer Erfahrung. Was aber soll es heißen, dass jemand im Nirvana «lebt»? Leben, wie wir es kennen, ist ja gerade der Bereich der Begierde. Davon unterscheidet sich Nirvana prinzipiell. Und wenn im Mahayana gesagt wird, dass Nirvana und Samsara (der Kreislauf des Lebens unter irdischen Bedingungen, s. Frage 24) identisch seien, dann heißt das nicht, dass Nirvana auf Samsara reduziert wird, sondern dass Nirvana jenseits aller Kategorien ist, also auch jenseits der Unterscheidung oder Abgrenzung zum Samsara. Und es heißt außerdem, dass Nirvana mitten im Samsara erfahren werden kann. Wie? Eben als ein vollkommen frei gewordener Bewusstseinszustand, frei geworden von Begierden, Ansprüchen, Erwartungen.

29. Was ist der Unterschied zwischen einem Buddha und einem Bodhisattva? Ein Buddha ist ein «vollkommen Erwachter». Grundsätzlich kann jeder Mensch zu diesem Zustand «erwachen» (*buddha*, wörtl.: «erwacht»). Da aber jeder, der erwacht, in der Übungstradition steht, die Buddha Shakyamuni historisch begründet hat, sind alle, die nach ihm erwacht sind, von seinem Erwachen und seiner Lehre abhängig. Sie sind erwacht aufgrund seines Erwachens. Es gibt auch hier Ausnahmen, nämlich solche, die als erwacht gelten, obwohl sie nicht in der Tradition des Samgha stehen. Der frühe Buddhismus hat damit eine Anschauung geschaffen, die auch Menschen, die in ganz anderen Religionen beheimatet sind, die Buddhaschaft zuerkennen kann. Die buddhistische Tradition zählt sechs Buddhas vor dem jetzigen, in jedem Weltzeitalter einen, und der künftige Buddha Maitreya wartet schon im «Himmel der Zufriedenheit» (*tushita*) darauf, dass er sich in der Welt inkarnieren kann, um dann, wenn die Not groß ist, allen lebenden Wesen liebend und hilfreich beizustehen, damit sie leichter zur Buddhaschaft gelangen können.

Ein Bodhisattva dagegen ist ein «Erleuchtungswesen». Was das genau ist, kann unterschiedlich interpretiert werden: entweder ein Wesen, das auf dem Weg zur Erleuchtung weit fortgeschritten, aber eben noch nicht ins Nirvana eingegangen ist, oder ein Wesen, das die volle Buddhaschaft erlangt hat, aber nicht im Nirvana verlöschen will, weil es hier auf der Erde allen anderen Lebewesen hilfreich beistehen möchte, damit alle zur Buddhaschaft gelangen. Man spricht daher gern vom «altruistischen Erleuchtungsgeist». In diesem Sinne ist also ein Bodhisattva ein Buddha, der sich freiwillig immer wieder inkarniert.

Wir wissen nicht genau, was der historische Ursprung dieser Bodhisattva-Idee ist. Möglicherweise wurden im frühen Buddhismus Laien oder vielleicht auch Mönche als Bodhisattvas bezeichnet, die an Pilgerorten, insbesondere den Reliquien-Stupas, den Pilgern bei der Erfüllung ihrer Pflichten assistierten. Sie haben vielleicht die

Legenden vom Leben des Buddha weitergegeben, um die Pilger in ihrer frommen Übungspraxis, vor allem der Einhaltung der fünf Lebensregeln (*pancashila,* s. Frage 68) zu bestärken, oder sogar in einfache Meditationspraxis eingeführt, die nicht nur den Mönchen im Kloster vorbehalten war. Solche Gruppen von «Bodhisattvas», die es also vor allem mit der Praxis der Laien zu tun gehabt hätten, könnten dann ein Grundstock für jene Bewegung gewesen sein, die sich später als Mahayana etablierte. All das sind Vermutungen, die sich auf gewisse Indizien in der frühbuddhistischen Literatur und Kultpraxis an den Stupas stützen können. Genaues wissen wir aber nicht.

30. Glauben Buddhisten an Gott? Buddhisten glauben nicht an einen Gott im Sinne der theistischen Religionen. Es gibt für Buddhisten keinen «Schöpfergott», auch keinen Gott, der in den Lauf der Geschichte eingreift, und auch keine höchste Instanz, zu der man beten könnte, um Bitten vorzutragen. Vielmehr unterliegt nach buddhistischer Lehre die Welt dem Gesetz von Ursache und Wirkung, alles entsteht und vergeht danach in wechselseitiger Abhängigkeit.

Dennoch muss man zwei Einschränkungen machen. Zum einen gibt es die Vorstellung von heilenden und helfenden übermenschlichen Wesen, die angerufen werden können, damit diese ihre wohlwollenden Energien auf die bittenden Menschen lenken. Solche Wesen sind meist vorbuddhistischen Ursprungs und entstammen nicht selten dem Geisterglauben der lokalen Religionen. Sie können menschliche Züge tragen, wie z. B. im chinesischen Buddhismus, sie können aber auch abstraktere Prinzipien repräsentieren, die in Raum und Zeit wirksam sind. Ein Beispiel dafür ist der Ritus in der Shwedagon-Pagode in Yangon (Myanmar), wo der Kreis um die Pagode eingeteilt ist in Segmente, die den einzelnen Tagen der Woche zugeordnet werden. Wer etwa an einem Montag geboren ist, trägt nicht nur den Namen dieses Tages, sondern betet und opfert Blumen und Wasser an dem für diesen Tag bestimmten Ort. Hier wird eine Korrespondenz zwischen räumlichen und zeitlichen Koordinaten vorausgesetzt, die mit dem Geburtszeitpunkt des Menschen zusammenhängen. Wer in diese von raum-zeitlichen Bestimmungen vorgegebene Welt eintritt und an der für ihn bestimmten Stelle seine Rituale vollzieht, verstärkt die Wirkung dieser Eigenschaften. Das ist kein Gebet im Sinne der Bitte um Einflussnahme eines personalen überweltlichen Gottes, wohl aber eine Bewusstwerdung von verborgenen Zusammenhängen, denen Einfluss auf das Lebensschicksal des betroffenen Menschen zugeschrieben wird. Denn es können auch ganz konkrete Wünsche nach Stärkung der Gesundheit, Erfolg bei Prüfungen, Glück im Geschäfts- oder Liebesleben usw. geäußert werden. Durch Bewusstwerden, das wiederum mittels kultischer Praxis geschieht, setzt sich der Mensch in Harmonie mit den speziellen Kräften, die sich aus seiner Geburtssituation (auch im Sinne astrologischer Voraussetzungen) ergeben. Solche «göttlichen Mächte» sind im tatsächlich gelebten Buddhismus der Völker Süd-, Ost-, Südost- und Zentralasiens in unterschiedlicher Weise präsent, und der Glaube an sie ist außerordentlich stark.

Aber auch im Buddhismus der Mönche und «Religionsspezialisten» spielen übermenschliche Mächte eine nicht unwesentliche Rolle. Es sind vor allem die Bodhisattvas und Orakel, die in verschiedenen buddhistischen Traditionen verbreitet sind. Die Orakel, besonders in Tibet, sind «Gottheiten», die von einem menschlichen Körper (tib.: *kuten*) zeitweilig Besitz ergreifen und durch diesen sprechen. Sie können heilen, aber auch komplizierte Zusammenhänge offenbaren, die im gewöhnlichen Tagesbewusstsein für den Menschen nicht oder nur sehr schwer zu durchschauen sind. Das Staatsorakel Nechung wird von der tibetischen Regierung und dem Dalai Lama persönlich in besonders dringenden und schwer entscheidbaren Angelegenheiten befragt.

Unter den Bodhisattvas ragen Avalokiteshvara und Manjushri heraus. Avalokiteshvara, dessen weibliches Gegenstück Tara, «die Retterin», ist, gilt als Inkarnation der Barmherzigkeit. Tara (tib.: Dölma) erscheint in zwei Formen, als weiße Tara und als grüne Tara. Die weiße Tara sitzt im Lotossitz der Meditation (mit überkreuzten Beinen), die grüne Tara streckt ein Bein im Winkel nach vorn, d. h., sie ist gerade im Aufstehen begriffen, um sich helfend auf den Weg zu machen. Der Bodhisattva Avalokiteshvara ist mit dem Buddha Amitabha verbunden, der für alle, die auf ihn vertrauen, im Westen ein Reines Land geschaffen hat, in dem sie wiedergeboren werden, um dort ohne Hindernisse den Weg zur vollständigen Befreiung, zur Buddhaschaft nämlich, gehen zu können. Der Name Avalokiteshvara kann von zwei verschiedenen Sprachwurzeln im Sanskrit abgeleitet werden. So ist er entweder derjenige, der (voll Mitgefühl) auf die Welt herabschaut, oder derjenige, der die (leidenden) Lebewesen hört. Er wird in verschiedenen Formen dargestellt. Die berühmteste Gestalt, die in tibetischen Klöstern, aber auch in Häusern der Bevölkerung selten fehlt, ist die mit tausend Händen und elf Köpfen. Die Arme sind in einem Kreis ausgestreckt, so dass seine tausend helfenden Hände den gesamten Erdkreis abdecken. Die Handflächen sind offen dem Betrachter zugewandt. Die Hand symbolisiert gebende Tatkraft. In jeder Handfläche aber befindet sich ein Auge. Das bedeutet, dass der helfende Bodhisattva das Leid erkennt und seine Hilfe nicht blind, sondern intelligent lenkt. Weisheit und Barmherzigkeit, *prajna* und *karuna*, so heißt es im Mahayana-Buddhismus, sind wie die zwei Flügel eines Vogels, sie gehören unauflöslich zusammen. Die elf Köpfe verdeutlichen noch einmal die Allgegenwart der barmherzigen Energie des Buddha, die sich im Bodhisattva Avalokiteshvara manifestiert. Es handelt sich um die Zahl 10+1. Acht Köpfe zeigen in die unterteilten Himmelsrichtungen (also z. B. Nordwest, Nordost usw.), zwei repräsentieren Zenith und Nadir, so dass die ganze Weltkugel von seiner Präsenz durchdrungen wird. Zehn Köpfe zeigen liebevolle Gesichter. Der elfte Kopf aber trägt ein zorniges Gesicht, denn auch der vorübergehende Zorn (über das Fehlverhalten des Menschen) kann ein notwendiges pädagogisches Korrektiv sein, das nicht aus blinder Wut, sondern aus gezielter Barmherzigkeit erwächst, um den Menschen zur Umkehr auf den rechten Pfad zu bewegen.

Avalokiteshvara wird in China zu Guan-yin (jap. Kannon), und diese Figur erhält im Laufe der Geschichte weibliche Züge. Seine/ihre Statue steht in Ostasien nicht nur in Tempeln, sondern auf offenen Plätzen, manchmal in monumentaler Größe. Guan-yin bzw. Avalokiteshvara und Tara werden bei fast allen Bedürfnissen, die Menschen in ihrer Not empfinden, um Hilfe angerufen.

Manjushri ist der Bodhisattva mit dem Schwert in der Hand. Dies ist das Schwert der Unterscheidung von Wahr und Falsch, ein Symbol der Klarheit und Deutlichkeit im Geiste. Er ist der «Schutzpatron» der Meditation, durch die ja Klarheit der Erkenntnis angestrebt wird. So findet man seine Statue in der Meditationshalle der Zen-Klöster in China, Korea und Japan. Selbstverständlich wird auch er angerufen zu helfen, dass die strenge Übung der Geistesschulung gelingen möge.

Das Bild vom Menschen

31. Gibt es einen Person-Begriff? Der Buddhismus unterscheidet sich von anderen indischen Religionen und Philosophien durch seine Lehre vom Nicht-Ich (Pali: *anatta*, skt.: *anatman*). Ist das also Nicht-Person? Wenn «Person» ein unveränderliches oder substantielles Zentrum, einen Wesenskern im Menschen, bezeichnen soll, dann lehnt der Buddhismus genau dies ab, weil eine solche Vorstellung das Anhaften an etwas Unveränderlichem bedeutet (s. Frage 23). Mit anderen Worten, *anatman* ist in Korrelation zu dem anderen buddhistischen Grundbegriff zu sehen: *anitya*, alles ist nicht-beständig. Diese Einsicht ist für Buddhisten Voraussetzung für den Heilsweg, die Verwirklichung der Buddhaschaft. Um die Komplexität des Problems zu verdeutlichen, werden wir auf einige Details der Interpretation jener Begriffe eingehen müssen, die von Buddhisten mit äußerst subtilen Argumenten «pro und contra» verwendet wurden. Jedenfalls hat der Buddhismus schon immer ein geistiges Kontinuum im Menschen gelehrt, da ohne ein solches die Vorstellung von der Wiedergeburt nicht plausibel wäre. *Was* genau wiedergeboren wird, ist aber umstritten.

Die frühe buddhistische Philosophie zählte die Frage der Existenz oder Nichtexistenz einer Person oder «Seele» zu den letztlich unentscheidbaren Problemen (MN 63). Wir werden noch erklären, wie die Lehre von den *skandhas* (Pali: *khandhas*) darauf abzielt, eine «permanente Seelensubstanz» zu umgehen (s. Frage 33). Warum? Weil der Mensch als dynamische Selbstorganisation von energetischen Prozessen begriffen werden soll. Im frühen Buddhismus übernimmt *vinnana khandha* die Funktion, die andere Traditionen mit einem Selbst oder der Person verbinden. Dieser Begriff wiederum kann zweierlei bezeichnen: zum einen das empirische Bewusstsein, das von den Sinneseindrücken, den Sinnesorganen und dem Objekt der Sinneswahrnehmung abhängig ist, zum anderen ein in sich selbst individuiertes Kraftfeld im Sinne eines subtilen Körpers.

In der ersten Bedeutung ist Vinnana die allgemein akzeptierte Basis für die buddhistische Wahrnehmungstheorie, in der zweiten Bedeutung als individuierter subtiler Körper bezieht sich Vinnana direkt auf die karmische Verbindung zwischen zwei Geburten. Man nimmt an (Mahanidana-Suttanta, DN 15,63), dass Vinnana im Moment der Zeugung von außen in die Gebärmutter gelangt. Diese «Herabkunft» wird als Voraussetzung für die Formation des nächsten Gliedes im Prozess des Entstehens in gegenseitiger Abhängigkeit, nämlich *namarupa* (Name und Gestalt), betrachtet, und zwar folgendermaßen (DN 15,21): Wenn Vinnana nicht in den Mutterleib einginge, könnte sich kein gestalteter Körper, Namarupa, bilden; und wenn Vinnana den Fötus vor der Geburt wieder verließe, wäre Namarupa bei der Geburt auch nicht vorhanden. Das heißt, dass Vinnana eine relativ unabhängige Voraussetzung und Kondition für das neue Leben ist. Allerdings ist auch hier Vinnana nicht ein unabhängiges Wesen, sondern eine Funktion oder Kapazität, vielleicht eine alldurchdringende latente Energie, die unter bestimmten Bedingungen und in Abhängigkeit von anderen Faktoren aktualisiert wird, wie wir sowohl aus der Wahrnehmungstheorie als auch mittels der Vorstellung vom Herabkommen dieser Energie in den Mutterschoß erschließen können. So vergleicht ein viel gelesener und zentraler früher Text, das Samannaphala-Sutta (DN 15), Vinnana mit einer Schnur, die durch eine Kette von Edelsteinen gezogen worden ist, wobei der Edelstein hier den Körper repräsentiert, der aus den vier Elementen zusammengesetzt ist.

Die Debatte um Person oder Nicht-Person wurde auch kontrovers mit der Schule der Pudgalavadins geführt, die eine «Person» (*pudgala*) ins Spiel gebracht hatten, was andere Schulen als nicht buddhistisch zurückwiesen. Aber nicht nur die Pudgalavadins versuchten, ein Prinzip der Kontinuität einzuführen, sondern auch die Sautrantikas. Sie argumentierten, dass die *skandhas* von einem Leben zum nächsten Kontinuität gewähren. Ein «Same des Guten» im Menschen wäre eine Art unzerstörbarer menschlicher Natur, er gibt die Basis für das «Wesen» ab, das ins Nirvana eingeht. Doch die Schwierigkeiten bei der Übersetzung der einzelnen Begriffe sind immens, da westliche Begriffe wie Bewusstsein, Selbst, Person, Geist, Ich usw. keineswegs klar definiert sind. Heute gibt es eine Tendenz anzunehmen, dass der Buddha ein «Selbst» in einem mehr umfassenden und vollkommen transzendenten Sinne nicht geleugnet habe, obwohl er mit Sicherheit das «Ich» als Zentrum des Anhaftens abgelehnt hat (Nakamura 1970).

Gibt es nun im Buddhismus einen Person-Begriff oder nicht? Hier sind die Buddhismus-Forscher genauso uneins wie die Buddhisten selbst, und die gesamte Geschichte der Philosophie des frühen Buddhismus kann als Kommentar zu diesem ungelösten Problem verstanden werden.

32. Was sind die Besonderheiten der buddhistischen Psychologie? Der Buddhismus beschreibt nicht nur die Zustände des Bewusstseins, die Menschen im Wachzustand oder im Traum erfahren, sondern auch Zustände der Versenkung des Bewusstseins, wie sie durch Meditation hervorgerufen werden können. Solche Beschreibungen beruhen auf empirischen Beobachtungen, die dann durch intersubjektiven Vergleich verallgemeinert und systematisiert werden.

Zunächst sind Bewusstseinszustände mit den Sinnesorganen verbunden. Jeder sinnliche Reiz, der durch das Sinnesorgan wahrgenommen wird, muss im Bewusstsein weiterverarbeitet werden, und dies geschieht aufgrund von Ursachen und Begleitumständen, die mit vorherigen Erfahrungen zusammenhängen. Das Gedächtnis ist also nicht nur durch Inhalte bestimmt, sondern es formt auch die Muster, nach denen neue Erfahrungen wahrgenommen, bewertet und gedeutet werden. Die buddhistische Psychologie unterscheidet Bewusstseinszustände, mentale Grundmuster, begleitende Umstände, Faktoren der Gefühlsbildung, Bestandteile von Begriffsformen usw., wobei den Gefühlen als leidverursachenden Emotionen große Bedeutung zukommt: Ich-Behauptung, Gier und Hass, auch Wut und Zorn werden genau analysiert und nach Form und Intensität unterschieden, ebenso wie das jeweilige geeignete Gegenmittel. Wut z. B. kann überwunden werden, wenn sie rechtzeitig erkannt und vor ihrer vollen Entfaltung im Bewusstsein mit einem Gegenmittel neutralisiert wird, etwa durch die Visualisierung von Licht oder einer heilenden Kraft. Auch werden Methoden erörtert, durch die Mitgefühl entwickelt werden kann. Die buddhistische Psychologie ist also nicht nur beschreibend, sondern sie will das Verhalten des Menschen positiv im Sinne von Liebe und Mitgefühl verändern.

Hierfür spielt auch die Analyse von meditativen Zuständen eine Rolle, da Ganzheitlichkeit, Verbundenheit mit allen anderen Lebewesen, wechselseitige Abhängigkeit und Freude direkt erfahren werden können. Meditative Erfahrung und rationale Analyse sind dabei kein Gegensatz, denn diese Zustände werden auch mittels des Kausalitätsprinzips (Wechselwirkung aller Erscheinungen) rational erläutert. Meditative Zustände werden analytisch voneinander unterschieden, klassifiziert und in einem Stufenaufbau von erlernbaren Vertiefungen des Bewusstseins angeordnet. Die psychologischen Systematisierungen sind teilweise so komplex, dass uns noch keine adäquaten Übersetzungsmöglichkeiten zur Verfügung stehen, und das Verständnis dieser Psychologie in westlichen Kategorien steht erst am Anfang.

33. Was besagt die Lehre von den Skandhas? Der Begriff *skandha* (wörtl.: «Haufen») wird meistens mit «Aggregat» oder «Daseinsgruppe» übersetzt. Man unterscheidet fünf Gruppen, nämlich (1) das Materielle (*rupa*) und (2–5) die geistigen Ereignisse (*vedana, samjna, samskara, vijnana*). Es handelt sich um Prozesse, die in wechselseitiger Interaktion das hervorbringen, was wir eine «personale Identität» oder einen Akt des Erkennens, eben einen Moment von «Person», nennen können. Die Skandhas sind nicht Teilchen, die aufeinander einwirken, sondern Beziehungsmuster, die in ständiger Veränderung nicht ein festes Ich, sondern einen beweglichen Strom von Bewusstheit hervorbringen, der wiederum abhängig ist von dem, was «materieller Körper» genannt wird. Ob der materielle Körper (1) und die geistigen Ereignisse (2–5) zwei prinzipiell unterschiedliche Wirklichkeiten bezeichnen oder nur graduell durch ihre jeweilige Subtilität voneinander unterschieden sind, ist im Buddhismus nicht eindeutig geklärt. Während der frühe Buddhismus sowie einige indische wie tibetische Formen des Mahayana zu einem gewissen Dualismus tendieren, deutet der ostasiatische Buddhismus (z. B. Zen) die Wirklichkeit eher so, dass wir die Eine Wirklichkeit nur unterschiedlich beschreiben, wenn wir von Materie und Geist sprechen. Tatsächlich sind Berge und Bäume und Flüsse und Blumen vom Geist nicht verschieden, wie es im Zen heißt. Und dies, so Zen, sei in einer tiefen Versenkung direkt erfahrbar.

1) *Rupa skandha* bezeichnet die materielle Wirklichkeit, wozu auch die Sinnesorgane lebender Wesen gehören. Der Buddhismus entwickelte seit etwa 500 n. Chr. die Theorie kleinster materieller Einheiten, die aber nicht-substantiell gedacht werden. Diese

kalapas sind kleinste Entstehungsmomente, im Englischen gut übersetzbar als *«arisings»*, also kleinste Teilchen und Wellen, die im Billionstel einer Sekunde oder Trillionstel eines Augenzwinkerns aus Nichts entstehen und wieder vergehen. Kontinuität, d. h. die Illusion von «Substanz», entsteht nur durch die schnelle Abfolge, derer sich der Mensch normalerweise nicht bewusst wird. Die materielle Realität ist das schnelle Entstehen und Vergehen solcher Strukturen, die einander überlagern und das erzeugen, was als Wirklichkeit erscheint.

2) *Vedana skandha* ist die erste Reaktion auf Reize, die durch die Sinne wahrgenommen werden. Diese Reize kommen aus der Außenwelt wie aus dem Körper, denn die Unterscheidung von «außen» und «innen» gilt als eine spätere ordnende Leistung des Bewusstseins. In dieser Funktion erfolgt bereits eine «Vorsortierung» in angenehme, unangenehme und neutrale Eindrücke, d. h., die Auswahl der Reaktionsregistrierung erfolgt nach qualitativen (die drei genannten Muster) und quantitativen (die Stärke des Reizes) Kriterien.
3) *Samjna skandha* ist der erste Schritt zum Erkennen. Hier wird das Bewusstsein aktiv, insofern nun ein Reiz *als* etwas erscheint, d. h., der Reiz wird identifiziert und mit gespeicherten Erinnerungen verglichen, bewertet und katalogisiert.
4) *Samskara skandha* ist die Interpretation des Reizes zu einer Wahrnehmung, die als definierte Vorstellung (Begriff) eine emotionale Reaktion auslöst: das Begehren oder das Gegenteil davon, eine Abneigung. Durch die aktive Bewertung des Wahrgenommenen kommt der Wille ins Spiel, der eine Einstellung (positiv oder negativ) ausdrückt. Auch dies ist ein Vorgang des Abgleichens mit früheren Erfahrungen, denn der Prozess wird gesteuert von Verarbeitungsmustern, die bereits angelegt worden sind, d. h., er beruht auf Erfahrung.
5) *Vijnana skandha* ist das «Bewusstwerden» der eben genannten Prozesse, eine «Verdopplung», wenn diese Prozesse (und nicht die ursprünglichen Reize) bewusst werden. Dadurch entsteht ein Ich-Gefühl, das sich selbst als Gegenüber zur Außenwelt empfindet und eine Unterscheidung von «außen» und «innen» herstellt. *Vijnana skandha* beinhaltet auch die Aktivität, die mit den jeweiligen Sinnesorganen verknüpft ist und diese aktiviert,

d. h., man unterscheidet ein Augenbewusstsein, ein Hörbewusstsein usw. Nehmen wir als Beispiel das Hören: Wenn Schalldruck auf das Ohr trifft, entsteht ein Reiz. Dieser wird aber erst dann zu einer akustischen Wahrnehmung, wenn sich der mechanische Reiz, der vom Sinnesorgan aufgenommen und gebündelt wird, mit einer Bewusstseinsaktivität, also dem Hör-*Vijnana*, verbindet. Eine sinnliche Wahrnehmung kommt somit dann zustande, wenn ein Impuls, in unserem Fall der Schalldruck, das Sinnesorgan (Ohr) und eben die jeweilige *Vijnana*-Aktivität zusammenkommen. *Vijnana skandha* kann also auch als die systemisch-wechselwirkende Verknüpfung der Skandhas 1–4 auftreten.

Diese vier Phasen laufen so schnell nacheinander ab, dass sie in alltäglichen bewussten Zuständen nicht unterscheidbar sind. Ein «Ich» erscheint in dieser Verknüpfungskette nicht, im Gegenteil, der hohe Grad an Fluktuation verhindert jede «Substantialisierung».

Die Behauptung des Buddhismus lautet: Wir *sind* diese Prozesse. Und es kommen zwei Thesen hinzu. 1. Es lässt sich nichts feststellen, was permanent wäre in diesem Meer von bewussten Spiegelungen der Bewusstseinsenergien und -aktivitäten. 2. Diese Ineinander-Spiegelungen laufen nicht chaotisch ab, sondern in sich selbst organisierenden Mustern. Das Organisationsprinzip ist das Karma, d. h. die reziproke Kausalität. Wären die Vorgänge chaotisch, hätten wir ein psychotisches Persönlichkeitsbild, und es wäre nicht möglich, Begriffe und Taxonomien von Begriffen zu bilden. Auch die Veränderungen in den Mustern folgen bestimmten Strukturen, die sich selbst organisieren. «Gefühle», «Willen», «Bewertungen» usw. sind demnach nichts als mentale Konstruktionen, um Ordnung und Regelmäßigkeiten in einer sich ständig neu entfaltenden Prozessualität zu erkennen. Auf Deutungen der Daten, die aus diesem Prozess resultieren, wird man gleichwohl nicht verzichten können, weil man ansonsten ja keinen Rahmen, kein Ordnungsgefüge für die Daten mehr hätte.

34. Gibt es Entsprechungen zum individuellen und kollektiven Unbewussten? Die meisten Vorgänge, die im Bewusstsein ablaufen, gelten auch im Buddhismus als unbewusst. Allerdings kommt es darauf an, sie durch Geistestraining bewusst zu machen. Die Muster, nach denen das Bewusstsein operiert, sind die karmischen Eindrücke (*vasana*): Jeder Reiz, jeder Gedanke, jedes Wort, jede Tat hinterlässt eine Spur. Diese wird durch Wiederholung der Eindrücke zu einem «Kanal», der die Richtung vorzeichnet, in der die nächsten Bewusstseinsprozesse ablaufen. Diese Spuren oder Kanäle bleiben über den physischen Tod hinweg erhalten, und sie sind die Struktur, nach der sich ein neues Lebewesen (nicht nur der Mensch, auch Tiere) ausbildet. Dies ist ein individuelles Unbewusstes. In einigen buddhistischen Traditionen, besonders in der Yogacara-Schule des Mahayana, wird dieser Bereich mentaler Prozesse noch weiter untergliedert; am Grunde aller Aktivität nimmt man dort ein «Speicherbewusstsein» an, in dem alle Eindrücke aufbewahrt, geordnet und für die Aktivierung der bewussten Ebenen des Bewusstseins bereitgestellt sind.

Bezeichnend ist, wie das Erwachen des Buddha berichtet wird: Er habe in der ersten Nachtwache seiner Nacht der Erleuchtung zunächst das gesamte eigene Karma seines gegenwärtigen Lebens erkannt, in der zweiten dann das Karma seiner vorigen Leben, und schließlich habe er in der dritten Nachtwache das Karma aller Lebewesen erkannt. Das bedeutet, dass das Erwachen mit einer Zunahme an Inhalten aus dem Unbewussten einhergeht. Diese «Bewusstseinsströme» sind individuell. Ob es ein kollektives Unbewusstes geben kann, hängt ab von der Beantwortung der Frage, ob es ein kollektives Karma gibt. Dies ist für die meisten Buddhisten nicht denkbar, denn das würde die Verantwortung des Einzelnen schmälern. Jeder Mensch hat die Lebensaufgabe, zur Erleuchtung zu gelangen. «Jeder Mensch» heißt: der Bewusstseinsstrom, der über die Wiedergeburten hinweg Identität und Kontinuität verbürgt.

Allerdings weist die buddhistische Theorie der Kausalität Zusammenhänge auf, wonach Ursachen und Bedingungen so zusammenwirken, dass sie kollektive Prägungen und Konditionierungen ergeben, die das Leben des einzelnen Menschen erheblich beeinflussen, obwohl sie ihm keineswegs bewusst sind. Alle kulturellen Gewohnheiten der Sprache, der Denkformen, der Bilder, die wir sehen, die Muster, nach denen wir unhinterfragt handeln, gehören dazu. Dies alles sind aber veränderliche Formen. Von einem kollektiven Unbewussten könnte mal also allenfalls im Sinne solcher veränderbarer kollektiver Lebensmuster sprechen, nicht aber im Sinne von unveränderlichen Archetypen.

35. Gibt es Sünde, Schuld und Vergebung der Sünden? Diese Begriffe sind stark christlich geprägt und wurden auch in der Geschichte des Christentums unterschiedlich interpretiert. Der Buddhismus kennt die Schuld gegenüber anderen Lebewesen aufgrund von Verfehlungen, z. B. durch das Verletzen oder Töten von anderem Leben. Solche Vergehen können bewusst gemacht werden, und zwar vor sich selbst und vor der Gemeinschaft in einer Art öffentlichen Beichtzeremonie, der sich die Mönche alle 14 Tage unterziehen. Eine Sünde gegenüber «Gott» aber gibt es nicht, und so kann auch niemand die Schuld «vergeben», außer in einem zwischenmenschlichen Sinne der erneuten Akzeptanz des Anderen. Es geht um Erkenntnis und daraus folgend um das Erlernen der Kontrolle des Bewusstseins, damit ein Leben gemäß den buddhistischen Tugenden (*pancashila*, s. Frage 68) möglich wird.

36. Wie steht der Buddhismus zu Sexualität und körperlicher Liebe? Sexualität gilt für den Buddhismus als eine der wesentlichen Triebkräfte des Lebens. Sie kann, weil sie oft von Ichhaftigkeit gesteuert ist, in ein besonders schwer zu durchdringendes Netz von Illusionen verstricken, wenn der Mensch nicht lernt, in geistiger Freiheit mit ihr umzugehen und die mit ihr verbundene Tendenz zum Anhaften zu überwinden.

Sexualität hängt mit Machtausübung und der Etablierung sozialer Ordnung aufs Engste zusammen und wird deshalb in allen Kulturen mit vielfältigen Tabus belegt. Die buddhistischen Traditionen wie das chinesische, koreanische, japanische und vietnamesische Zen, das seit über einhundert Jahren auch in Amerika und Europa heimisch geworden ist, wurzeln zwar in den Grunderfahrungen und Einsichten des Buddha, haben aber gerade auch beim Thema Sexualität unterschiedliche Schwerpunkte gesetzt.

Grundsätzlich muss man unterscheiden zwischen der Lebensregel für Mönche und Nonnen und den Normen für Laien. Mit dem Mönchsorden hatte der Buddha eine bruderschaftlich organisierte Gesellschaft gegründet, die ein Gegenmodell zu der kastenmäßig gegliederten Hierarchie darstellte. Später kam analog der Nonnenorden hinzu. Nicht mehr das brahmanische Opfer hielt die Welt zusammen, sondern die Disziplin der Mönche (und Nonnen) sollte in einer selbstverwalteten Kommunität die notwendige Stabilität der monastischen Elitegesellschaft garantieren. Dementsprechend wurden alle Details des Lebens reguliert, ganz besonders auch die Sexualität. Jede Form sexueller Betätigung ist den Mönchen und Nonnen untersagt, und zwar aus drei Gründen:

1) Sexualität und die mit ihr mögliche Liebesbeziehung von Individuen schafft einen Raum individueller Abgrenzung und Freiheit, die dem Gemeinwesen, welches das Individuum kontrollieren will, abträglich sein kann. Der Zölibat dient somit zur Kontrolle über die Individuen. 2) Sexualität ist eine leibliche Funktion, die vollständig dem Willen unterworfen werden kann, ohne dass der Verzicht auf ihren Vollzug den Tod des Individuums zur Folge hätte. Das ist z. B. bei der Nahrungsaufnahme nicht so. Der Verzicht auf Sex gilt somit als Test für die Willensstärke und ist eine entsprechende Übung der Achtsamkeit. 3) Sexualität ist sinnfälliger Ausdruck der Verstrickung in den Kreislauf der Wiedergeburten. Durch Sex haftet der Mensch am Lebenstrieb an, er will sich fortpflanzen, will besitzen und konsumieren. Die Verknüpfung von Sex und Konsum ist nicht erst eine Erfindung der kapitalistischen Werbepsychologie, sondern uralte buddhistische Einsicht. Die daraus entstehenden Zwänge sind für Mönche und Nonnen unerträglich, denn sie binden das Bewusstsein in der «selbstverschuldeten Unmündigkeit» fest und stehen damit dem buddhistischen Heilsziel diametral entgegen. Nicht nur die Sexualität hat diese Bindekraft, aber sie hat sie in einer Weise, die alle Lebenssphären besonders stark durchdringt. Schon in frühbuddhistischer Zeit haben Mönche die sogenannten «Ekel-Meditationen» geübt, bei denen der Körper, besonders der weibliche, als ein von Haut umschlossener Kothaufen abwertend visualisiert wird, und dies ist auch noch im Mahayana eine Praxis, die etwa in dem äußerst verbreiteten Werk *Bodhicaryavatara* (Kap. 8, bes. 49 ff.) von Shantideva (7./8. Jahrhundert) empfohlen wird.

Für die buddhistischen Laien dagegen wird Sexualität als natürliche Lebenskomponente verstanden, die auszuüben selbstverständlich ist. Nicht die «Körperlichkeit» beim Sex stellt ein Problem dar, sondern die geistige Einstellung. Denn alles, was die achtsame und wahrhaftige Lebensführung untergräbt, wird abgelehnt, wie Gewalt, Gier, unachtsames Reden, der Genuss von Rauschmitteln, das Protzen – mit materiellen Gütern ebenso wie mit geistigen – und eben auch eine Sexualität, die nicht in eine achtsame Wahrnehmung des

Partners/der Partnerin eingebunden ist. In moderner Sprache könnte man sagen, dass der sexuelle Partner/die Partnerin nicht zum Objekt gemacht werden darf. Begehren ist zwar unweigerlich mit Sexualität verbunden, kann aber verschiedene Gestalt haben: Es kann ichbezogen sein und den Anderen gebrauchen, um das Ich-Gefühl zu stärken, dann ist es abzulehnen. Es kann das Ich aber auch in der Bewegung auf den Anderen hin transzendieren, das Ich in der Verschmelzung mit dem Anderen in einer höheren Ebene aufgehen lassen und so zum Vehikel des spirituellen Reifens werden. In diesem Sinne haben viele Laienbewegungen und namentlich die tantrische buddhistische Spiritualität und auch Zen die Haltung zur Sexualität definiert.

Im Tantra wie auch im Zen sind körperliche und geistige Prozesse zwei Seiten einer Sache. Jede Erscheinung der Welt, jede Handlung, ob Gehen, Liegen, Essen, Schlafen oder auch Sexualität, ist ein Sakrament. In der sexuellen Verschmelzung kann die große Einheit, die das Ich überwindet, symbolisch erfahren werden, und das ist das Thema der tibetischen Yab-Yum-Darstellungen von «Gottheiten» und Bodhisattvas, die in geschlechtlicher Vereinigung abgebildet sind. Für Menschen ist eine derartige Einheitserfahrung nur begrenzt, weil punktuell möglich und endet in Enttäuschung, wenn der Mensch bei ihr stehen bleibt. Es geht um Offenheit gegenüber allen Lebewesen. Eine berühmte Zen-Geschichte drückt dies so aus: Die hübsche Nonne Eshun wurde von einem heimlichen Liebhaber, einem Mönch, mit Liebesbriefen überschüttet. Vor der Versammlung aller Mönche und Nonnen stand sie auf, zog die Briefe hervor und rief: «Wer das geschrieben hat, möge vortreten und mich hier an dieser Stelle vor allen anderen in die Arme schließen.»

Zen ist eine Haltung jenseits von Angst, wobei in tiefster Menschlichkeit der Augenblick zählt, nur das wahrhaftig Authentische im Augenblick! Durch seine chinesisch-daoistischen Wurzeln hat Zen eine Grundhaltung entwickelt, die in jedem natürlichen Geschehen das Ganze der Wirklichkeit wahrnehmen kann, und zwar in ästhetisch zu vervollkommnender Form. Laien können im Zen die Sexualität als Praxis achtsamer Freude erleben lernen. Auch für die dem Zölibat verpflichteten Mönche und Nonnen (zu der Ausnahme in Japan s. Frage 76) geht es im Zen weniger um die formale Erfüllung der Ordensdisziplin, als vielmehr um die Achtsamkeit mitten in den Widersprüchen des Lebens, die durch ebendiese Achtsamkeit aufgelöst werden können.

Damit ist Sexualität im Buddhismus generell und besonders im Zen nicht ablösbar von der Liebe, wobei Liebe nicht nur ein erotisches Gefühl ist, sondern die Einsicht in den Lebenszusammenhang, in die ganze Wirklichkeit in ihrer Tiefendimension. Dies kommt in einem Text zum Ausdruck, den man das «Hohe Lied der Liebe im Buddhismus» nennen kann (Vimalakirtinirdesha-Sutra, Kap. 6; Übs. M. v. B. 1989: 257 ff.):

> Der Bodhisattva Manjushri sprach zu dem Licchavi Vimalakirti: «Ehrenwerter Herr, wie sollte ein Bodhisattva über alle Lebewesen denken?» Vimalakirti antwortete: «Manjushri, ein Bodhisattva sollte alle Lebewesen betrachten wie ein weiser Mann die Spiegelung des Mondes im Wasser betrachtet oder wie Magier Menschen, die durch Magie entstanden sind, betrachten. Er sollte sie betrachten wie ein Spiegelbild im Spiegel, wie das Wasser einer Fata Morgana, wie den Klang des Echos, wie einen Wolkenhaufen am Himmel, wie den Anfangspunkt einer Seifenblase, wie die Erscheinung und Auflösung einer Wasserblase ...» Daraufhin fragte Manjushri weiter: «Edler Herr, wenn ein Bodhisattva alle Wesen auf solche Weise betrachtet, wie kann er dann große Liebe (*mahamaitri*) zu ihnen entwickeln?» Vimalakirti antwortete: «Manjushri, wenn ein Bodhisattva alle Lebewesen so betrachtet, denkt er: ‹So, wie ich den Dharma in mir verwirklicht habe, so möchte ich ihn auch alle Wesen lehren.› Damit erzeugt er Liebe, die wahrlich eine Zuflucht für alle Lebewesen ist; eine Liebe, die frei ist vom Besitzergreifen; Liebe, die nicht fieberhaft ist, weil sie frei von unreinen Motivationen ist; Liebe, die mit der Wirklichkeit übereinstimmt, weil sie in allen drei Zeiten (Gegenwart, Vergangenheit und Zukunft) gleichbleibend ist; Liebe, die konfliktfrei ist, denn sie ist frei von Gewalt, die mit Leidenschaften verbunden ist; Liebe, die in sich nicht-zwei ist, denn sie ist weder in das Äußere noch in das Innere verstrickt; Liebe, die unerschütterlich ist, weil sie unbedingt ist. Damit erzeugt er Liebe, die fest und von unzerbrechlicher Entschlossenheit ist wie ein Diamant; eine Liebe, die rein ist, gereinigt in ihrem innersten Wesen; eine Liebe, die gleich ist, weil ihr Bestreben gleich ist; die Liebe des Heiligen, die den Gegner überwunden hat; die Liebe des Bodhisattva, der beständig daran arbeitet, die (geistige) Entwicklung anderer zu fördern; die Liebe des Tathagata, die die Wirklichkeit versteht; die Liebe des Buddha, die Lebewesen aus ihrem Schlaf erwachen lässt; Liebe, die spontan ist, denn sie ist spontan vollkommen erleuchtet; Liebe, die Erleuchtung ist, denn sie ist die Einheit

der Erfahrung; Liebe, die keine Bestätigung sucht, denn sie hat Gier und Abneigung überwunden; Liebe, die große heilende Hinwendung ist, denn sie verleiht dem Mahayana Strahlkraft; Liebe, die sich niemals erschöpft, denn sie erkennt die Leere und das Nicht-Selbst; Liebe, die Geben ist, denn sie lehrt den Dharma frei und ohne Geiz; Liebe, die Tugend ist, denn sie macht die Lebewesen besser; Liebe, die Geduld ist, denn sie schützt einen selbst wie die andern; Liebe, die Tatkraft ist, denn sie übernimmt Verantwortung für alle lebenden Wesen; Liebe, die Meditation ist, denn sie enthält sich der Zügellosigkeit des Genusses; Liebe, die Weisheit ist, denn sie erlangt (Weisheit) zur geeigneten Zeit; Liebe, die Methode zur Befreiung ist, denn sie weist den Weg überall; Liebe, die ohne Selbstruhm ist, denn sie ist in der Motivation rein; Liebe, die ohne Arglist ist, denn sie handelt aus entschiedener Motivation; Liebe, die von hoher Entschlusskraft ist, denn sie ist ohne Leidenschaften; Liebe, die ohne Illusion ist, denn sie ist nicht künstlich; Liebe, die Glück ist, denn sie führt die Lebewesen zum Glück des Buddha. So, Manjushri, ist die große Liebe eines Bodhisattva.»

Liebe ist wie ein Strom von Energie, der ein Beziehungsnetz aufspannt, und in diesem Strom gegenseitiger Abhängigkeit entsteht, was wir als Wirklichkeit erleben. Im Zen erfährt man diesen Strom jenseits einzelner Vorstellungen, Bilder, Gegenstände. Gerade in einer Sexualität, die das Verschmelzen in einem achtsamen Bewusstsein erlebt, kann die Zen-Erfahrung einzigartig kraftvoll werden, wie der bedeutende japanische Zen-Meister und Künstler Ikkyu Sojun (1394–1481) betont hat.

Die Gestalten der Liebe hängen zusammen mit den unterschiedlichen Dimensionen, in denen sich der Mensch erfährt. Dabei können drei Dimensionen unterschieden werden: 1) Die sinnlich-leibliche Liebe hat ein Potential der Verschmelzung von Subjekt und Objekt im *präpersonalen Bereich*. Die Individualität des jeweils Anderen ist völlig unwichtig, was allein zählt, ist die sexuelle Polarität. Hier hat die Begierde ihren Platz, die den Anderen geradezu «auffrisst». 2) Die erotische Verschmelzung der Herzen hat das Potential einer spezifischen Beziehung zu einem *personalen* Du, das einzigartig ist. Die Individualität des Anderen ist ganz und gar zentral, was zählt, ist das einzigartige Du: «Ich liebe *dich*.» Hier hat die personale Beziehung ihren Platz, die sich in den Anderen hineinliebt, ohne völlig zu verschmelzen, es bleibt ein Rhythmus gleichzeitiger Schwingung von zweien. 3) Die geistige Einheit aller Wesen zu erkennen, hat das

Potential einer nicht am Objekt orientierten Verbindung zu allen Erscheinungen der Wirklichkeit. Der Andere ist nicht in seiner je individuellen Besonderheit Objekt der Liebe, sondern um der geistigen Einheit willen, die durch ihn hindurch spürbar wird. Den Anderen liebe ich dann nicht nur «wie» mich selbst, sondern «als» mein Selbst. Es ist eine *transpersonale* Beziehung, die ihren Gipfel in der Einheit erreicht. Ob dieser Gipfel als Verschmelzung oder permanente asymptotische Annäherung erlebt wird, ist sekundär. Es handelt sich um eine ursprungstiefe Erfahrung der Liebe, die mehr ist als ein Gefühl. Sie ist die Kraft des Seins selbst. Der Liebende und die Geliebte (bzw. umgekehrt) sind von einem Geschehen bzw. einer Tiefenerfahrung ergriffen, sie erleben sich als Echo der einen unfassbaren Wirklichkeit, als Ausdruck eines unmittelbaren Willens zum Leben. Die Folge einer solchen sexuell-erotisch-personalen Ekstase, die sich für das Transpersonale öffnet, ist, dass alles, jedes Lebewesen, jeder Mensch unendlich kostbar wird – wir können dann gar nicht anders, als allem in einer tiefen «Ehrfurcht vor dem Leben» (Albert Schweitzer) zu begegnen.

37. Haben Frauen auf dem spirituellen Weg die gleichen Chancen wie Männer? Im Prinzip haben nach buddhistischer Auffassung alle Lebewesen die Buddha-Natur und deshalb die gleichen Chancen, die Buddhaschaft zu verwirklichen, unabhängig von Geschlecht, Religion, Bildungsgrad usw. Dies bezieht sich nicht nur auf Menschen, sondern auf alle fühlenden Wesen, wozu in jedem Fall die Tiere gehören; in Bezug auf Pflanzen gibt es unterschiedliche Meinungen. Doch bereits in der frühbuddhistischen Tradition wird dem weiblichen Geschlecht eine besondere Anfälligkeit für die Emotion des Begehrens zugeschrieben, die bekanntlich als Wurzel für den Egozentrismus und die Schwierigkeiten auf dem spirituellen Weg gilt. Daher soll der Buddha zunächst gezögert haben, einen Frauenorden zu gründen (s. Frage 76). Die weiblichen Ordensmitglieder haben seit jeher mehr Regeln einzuhalten, weil man es offenbar als notwendig ansah, ihre «ungezügelte Natur» genauer zu kontrollieren. Trotzdem war die Tatsache der Gründung eines (fast) selbständigen Frauenordens für die Verhältnisse im Indien der damaligen Zeit revolutionär.

Freilich ist auch der Buddhismus eine männlich dominierte Religion, und diesen Charakterzug teilt er mit allen Religionen, die während der letzten Jahrtausende in arbeitsteiligen und hierarchisch organisierten Gesellschaften entstanden sind. In den meisten Traditionen sind die Ordinationen der Frauenorden unterbrochen worden, so dass sie nicht mehr vollzogen werden können. Sowohl in Südostasien als auch in Tibet und Japan sind daher die Frauen de facto gegenüber den Männern spirituell nicht gleichberechtigt. Bezeichnend ist das Gebet des bedeutenden Gelehrten Shantideva (Bodhicaryavatara 10,30): «Mögen alle Frauen in der Welt Männer werden», damit sie leichter zur Befreiung gelangen können. Dagegen gab es schon im frühen Mahayana erheblichen und prominenten Widerstand: Im Vimalakirti-Sutra (Kap. 6), einem zentralen indischen Text wohl aus dem 1. Jahrhundert n. Chr., der sich in Ostasien großer Beliebtheit erfreut, macht sich eine Göttin kraft ihrer übernatürlichen Kräfte über den Mönch Shariputra lustig, der stolz darauf ist, ein Mann zu sein, und das Weibliche gering schätzt: Sie verwandelt kurzerhand sein Geschlecht und fragt nun, was oder wer hier männlich oder weiblich sei. In der Geschichte des Buddhismus, und zwar auch im Theravada, insbesondere aber im Mahayana Chinas und Tibets, haben spirituelle Meisterinnen eine bedeutende Rolle gespielt und über die Jahrhunderte Vorbildfunktion eingenommen. Sie werden hochverehrt, sind allerdings Ausnahmen.

Heute setzen sich Frauen in allen Religionen für spirituelle und vor allem auch soziale Gleichberechtigung, für den gleichen Zugang zu und die gleiche Qualität der monastischen Ausbildung ein. So ist die buddhistische Frauenbewegung Sakyadhita über die Grenzen, Lehrtraditionen und Länder hinweg aktiv, um die tatsächliche (und nicht nur theoretisch geglaubte) Stellung der Frauen in Ländern, die vom Buddhismus geprägt sind, zu verbessern.

Eschatologische Aspekte

38. Gibt es die Vorstellung einer vollkommenen Erlösung aller Lebewesen als Ziel der Welt? Im Buddhismus hat die Welt weder Anfang noch Ende. Wie auch im Hinduismus (s. Frage 44) entstehen und vergehen die Welten sukzessive. So entsteht aus den subtilen Energien, die aus der vorigen Welt noch existieren, eine neue Welt. Die eine Welt ereignet sich also gleichsam in immerwährenden Expansionen und Kontraktionen. Dabei unterscheiden sich die Weltzeitalter auch nach der Qualität der Existenz, wie den materiellen Bedingungen und den mehr oder minder günstigen Umständen für die Entwicklung des Geistes. Diese Theorie der Welten und der Weltzeitalter, die die einzelnen Welten in ihrer Evolution durchlaufen, teilt der Buddhismus mit anderen indischen Religionen.

Wenn alle karmischen Ungleichgewichte ausgeglichen sind, was viele Existenzen in Anspruch nimmt, hat sich die Antriebsenergie für das jeweilige Einzelwesen erschöpft. In diesem Geschehen kommen «Bewusstseinsströme» zu einem Ziel, und das bedeutet das Ende ihres Kreislaufs, gewissermaßen ihre «Erlösung».

39. Was ist der Sinn des Lebens? Nach buddhistischer Auffassung dient alles Streben dem Ziel, die Buddhaschaft zu erlangen, und irgendwann wird jedes Lebewesen dieses Ziel erreichen. Allerdings bedarf es dazu vieler Leben. Auch der Buddha unseres Zeitalters, Gautama Shakyamuni, hat dazu viele Leben gebraucht. Es gibt eine Literaturgattung, die Jatakas, wo in Erzählungen aus den früheren Leben des Buddha geschildert wird, wie er durch gute Gedanken, Worte und Taten allmählich sein Bewusstsein gereinigt und schließlich das Ziel erreicht hat. Der Sinn des Lebens besteht also darin, durch entsprechendes Handeln das Bewusstsein von allen Verunreinigungen zu befreien. Durch Fehlverhalten und Nachlässigkeit in der Praxis können sich jedoch erneut negative karmische Eindrücke ansammeln, wodurch das betreffende Lebewesen wieder zurück in leidvollere Existenzen (wie die Wiedergeburt als Tier, als Hungergeist oder als Wesen in der Hölle) fällt. Das Tier z. B. lebt nur sein negatives Karma aus, bis es automatisch wieder in eine höhere Geburt gelangt. Da nur der Mensch die Freiheit zur Entscheidung hat, d. h. nur in dieser Existenzform den Dharma praktizieren kann, sollte er die Gelegenheit zur Reifung und Vollendung nutzen. Darum ist es so kostbar, als Mensch geboren zu sein.

40. Gibt es Gnade oder die Vorstellung des Eingreifens einer überweltlichen Macht? Man kann zumindest in einigen Formen des Buddhismus vielleicht sogar von einem «Universum voller Gnade» sprechen (M. v. B. 1987). Wie ist das möglich, wo doch das Erwachen vom Tun des Menschen und dem daraus resultierenden Karma abhängig ist? In der Tat, wo und unter welchen Umständen ein Mensch geboren wird, ob dort die Möglichkeit zur geistigen Reifung besteht, ob er geeignete Lehrer und Vorbilder findet usw. – alles ist eine Folge des Karma. Doch besonders im Mahayana-Buddhismus gibt es die Vorstellung, dass Buddhas und Bodhisattvas ihre geistigen Ausstrahlungen manifestieren und ihre angesammelten positiven Bewusstseinsformungen (*punya*) auf andere Lebewesen übertragen können.

Die Mahayana-Kosmologie kennt drei große Bereiche des Kreislaufs der Wiedergeburten: den Bereich der Begierden, den Bereich der Form und den Formlosen Bereich. Zum Bereich der Begierden zählen die sechs Daseinsbereiche (*gati*) der niedrigen Wesen: Götter, Gegengötter, Menschen, Tiere, Hungergeister, Höllenwesen. Zum Bereich der Form und zum Formlosen Bereich gehören Geistebenen von großer Subtilität und Macht, die gnadenhaft in die unteren Bereiche wirken können. Im Bereich der Form zählt man siebzehn und im Formlosen Bereich vier Hauptgruppen göttlicher Wesenheiten. «Oberhalb» dieser drei Bereiche des Kreislaufs der Wiedergeburten sind die «Buddha-Sphären», die allwissenden, höchsten göttlichen Wesenheiten, angesiedelt. Da sie keinerlei Beschränkungen unterworfen sind, können sie auf vollkommene Weise und unbedingt Liebe (*maitri*) üben und heilende Hinwendung gegenüber wirklich allen Lebewesen (*karuna*) praktizieren. Sie erscheinen als helfende geistige Visionen in wunderbaren Farben und Formen, männlich und weiblich, manchmal auch zornvoll und warnend. Als subtile visionäre Erscheinungen werden sie der *Sambhogakaya*-Ebene der Wirklichkeit zugeordnet, also zum «Genusskörper», den Buddhas annehmen können. Als körperliche Erscheinungen in Raum und Zeit gehören sie zur *Rupakaya*-Ebene der Wirklichkeit, also zur Welt der materiellen Formen. In beiden Formen werden sie verehrt, visualisiert und angebetet, ganz besonders im tibetischen Buddhismus. Hier spielt der Bodhisattva Avalokiteshvara (tib.: Chenrezig), als dessen Verkörperung die Dalai Lamas gelten, eine zentrale Rolle, ebenso die Göttin Tara (s. Frage 30). Buddhas und Bodhisattvas manifestieren sich nicht, weil sie das um des Ausgleichs ihres Karmas willen müssten, sondern weil sie leidenden Wesen helfend beistehen wollen. So wirken auf allen Ebenen der Wirklichkeit Wesen gnadenvoll in die Welt hinein. Jeder Tibeter hat sein *yidam*, eine Schutzgottheit, der er sich nicht nur in diesem, sondern über mehrere Leben hinweg verbunden weiß. Auch Klöster, Dörfer, Gegenden, ja ganz Tibet hat entsprechende Schutzgestalten. Ob bei bestimmten Tätigkeiten, Meditationsübungen oder als Neutralisierung negativer Kräfte – man vertraut auf den Beistand dieser Wesenheiten.

Auch die Schule des Reines Landes, verbreitet vor allem in Ostasien, hat durch die Verehrung des Amitabha-(Amida-)Buddha ein Fluidum der Gnade ins Zentrum der religiösen Praxis gerückt. Höhere geistige Wesen werden überall im Buddhismus – auch in den Theravada-Ländern – kultisch verehrt. Wenn diese auch nicht als «Gott» im Sinne eines allmächtigen Schöpfers angerufen werden, so doch als gütige und heilvolle Kräfte, deren Beistandes sich der Gläubige versichert und gewiss ist.

41. Schließen Nirvana und das Leben in der Welt einander aus? Diese Frage ist in sich widersprüchlich, denn Nirvana ist der Definition nach das Ende aller welthaften Veränderungen, die der Mensch in Raum und Zeit erfährt, also das Ende des durch widersprüchliche Faktoren bedingten Lebens. Insofern ist der wechselseitige Ausschluss von der Definition her klar. Wenn man aber fragt, ob sich das Streben nach Nirvana durch Reinigung des Geistes und das Leben in der Welt gegenseitig ausschließen, wird die Antwort komplizierter. Denn während der frühe Buddhismus (wie er weitgehend auch heute in Sri Lanka, Myanmar, Laos und Thailand praktiziert wird) großes Gewicht darauf legt, dass Mönche keinerlei Verstrickungen und Verpflichtungen im weltlichen Leben eingehen, gab es im frühen Mahayana durchaus auch schon das Ideal des erleuchteten Laien. Diese Tendenz verstärkte sich in China, und besonders im Zen-Buddhismus bewährt sich der erleuchtete Mensch in der

Welt, er «kehrt zurück zum Marktplatz» und zeichnet sich aus durch Spontaneität, herzliche Mitmenschlichkeit und eine völlig natürliche Verwurzelung im alltäglichen Leben. Der heutige «Engagierte Buddhismus», der von Mönchen, Nonnen und Laien gleichermaßen getragen wird, knüpft an diese Traditionen an.

42. Was versteht man unter Wiedergeburt (Reinkarnation)? Wiedergeburt ist die Rückkehr der geistigen Anteile eines Menschen (oder eines anderen Lebewesens) in ein körperliches Dasein nach dem Tode. Für (fast) alle indischen Religionen und Philosophien ist dies ein selbstverständlicher Gedanke. Das war nicht immer so. Der Glaube an die Wiedergeburt verbreitete sich in Indien erst seit etwa 700 v. Chr. und konkurrierte zunächst mit der Idee einer wie immer gearteten Existenz nach dem Tod im «Reich der Väter», also in Gemeinschaft mit den Ahnen. Der Buddhismus hat die Idee der Wiedergeburt vorgefunden und übernommen, und seine anspruchsvolle Erlösungspraxis ist ohne diese langfristige Perspektive kaum denkbar. Allerdings ist strittig, was wiedergeboren wird, da der Buddhismus die Idee einer unsterblichen Seele bzw. einer Kontinuität des «Ich» ablehnt.

Bereits in einem recht frühen Text wohl aus dem 1. Jahrhundert n. Chr., dem *Milindapanha*, wird zum Vergleich eine Flamme herangezogen, die letztlich ausgeblasen wird (*nir-vana*). Besonders in westlichen Interpretationen wird dies gern als eine Auslöschung der Existenz dieses «etwas» gedeutet. Das aber ist problematisch. Auch auf die Frage nach dem Schicksal des Erleuchteten nach dem Tode antwortet der Buddha nämlich mit einer Gegenfrage (Aggivacchagotta-Sutta, MN 72, 19): Was widerfährt der Flamme, wenn sie ausgeblasen wird? So kann die verlöschende Flamme nämlich eher als Energie verstanden werden, die in einen Status der Potentialität oder in eine subtilere Wirklichkeitsebene zurückkehrt. Diese Anschauung entspricht allgemein-indischer Wirklichkeitsdeutung (vgl. Mundaka-Upanishad 3, 2 und andere Texte). Im hinduistischen Vedanta ist es nicht eine Substanz (die Seele), die von Leben zu Leben wandert, sondern Energie. Die innere Verknüpfung von Wirkung und Ursache gilt mithin auch für das Verhältnis von einer Potenz zum Brennen und der Aktualität der Flamme. Nicht die grobstoffliche Manifestationsform des Lebens also, sondern die Flamme oder Energie des

Lebens auf einer subtileren Realitätsebene geht nach dem Tod in eine andere Existenz über.

Die Eindrücke (*samskaras*, Pali: *sankharas*) in das Bewusstsein gelten als Faktoren, welche die Kette der Wiedergeburten weiterführen. Es sind psychische Formkräfte, d.h. karmische Willensakte oder mentale Faktoren, die den Charakter einer Person ausmachen. Wie ist das zu verstehen? Aufgrund der Körperlichkeit entstehen infolge der Willensaktualisierung heilsame oder nicht heilsame karmische Eindrücke, die dem Bewusstseinsstrom Form geben. *Sancetana* ist hier der Wille, der sich in körperlichen, sprachlichen oder mentalen Akten (Pali: *kamma*) manifestiert, denn der Willensimpuls ist Ursache für die Tat. Hier wird bereits ein spezifisches Bewusstseinsverständnis angedeutet, das bei aller Augenblicklichkeit auch eine Basis für Kontinuität in der Ursache-Wirkungs-Verknüpfung aufweist.

Vinnana ist also auch hier nicht als eine unabhängige «Person» gedacht, sondern leer (*shunya*) hinsichtlich substantieller Eigenexistenz (*svabhava*). Es ist eine strukturierende Kraft, die formt und geformt wird im Prozess des Entstehens und Vergehens. Aus diesem Grunde kann *vinnana* karmische «Samen» tragen und damit die notwendige Kontinuität in der Kette der Wiedergeburten sichern. Da es sich nicht um ein statisches Selbst, sondern um eine Kraft in Beziehung zu allen anderen Faktoren handelt, erscheint *vinnana* einerseits von Individuum zu Individuum verschieden, denn es trägt verschiedene karmische Samen, andererseits ist es ein Kontinuum, das nicht Substanz, sondern Prozess ist. Unter dieser Voraussetzung können wir sagen: Es ist das Bewusstsein, das die Kontinuität der Lebewesen von einem Augenblick zum anderen, aber auch von einer Geburt zur nächsten ermöglicht. Ist jetzt aber das Problem nur verlagert? Denn was ist «Bewusstsein»? (s. Frage 33)

Neben einigen überweltlichen Sphären erfolgt die Wiedergeburt hauptsächlich in den sechs Bereichen der körperhaften Welt der Begierden (s. Frage 40). Dies ist abhängig vom Karma, d.h. von der Qualität des Bewusstseinszustandes dessen, der stirbt. Im Zustand der neuen Wiedergeburt müssen die Energien oder Potentiale, die dieses Bewusstsein prägen, ausgeglichen bzw. ausgelebt werden. Wer also etwa ganz von unersättlicher Gier geprägt ist, wird im Bereich der Hungergeister wiedergeboren, wo das Lebewesen «lernt», die Gier auszugleichen. Nur im Bereich des Menschseins ist die Freiheit gegeben, sich über den Zustand des (eigenen) Lebens bewusst zu sein und den Dharma zu praktizieren. Diese Möglichkeit zur Freiheit hält sich mit den karmischen Konditionierungen in Balance.

43. Der Buddha soll sich nach seinem Erwachen an frühere Inkarnationen erinnert haben. Ist das möglich? In der Tat beschreibt einer der zentralen Texte des frühen Buddhismus, das Samannaphala-Sutta (DN 2) detailliert, wie der Buddha während der Nacht seines Erwachens nach und nach seiner früheren Leben gewahr wurde, um schließlich alle Existenzen aller Wesen zu erkennen (s. Frage 34). Er sieht nun

> mit dem himmlischen Auge, dem reinen, menschliche Fähigkeiten übersteigenden, die Wesen, wie sie verschwinden und wieder auftauchen, gemeine und edle, schöne und hässliche, glückliche und unglückliche; er erkennt die Wesen, wie sie gemäß dem Wirken (*karman*) ins Leben treten.

Dies ist verbunden mit der Entwicklung von «verschiedenartigen höheren Kräften», Wunderkräften (Pali: *iddhi*, skt.: *siddhi*) also, durch die er verschiedene geistartige Körper hervorbringt, mit denen er ungehindert durch Mauern und auf dem Wasser gehen sowie durch die Luft fliegen kann usw. Auf der zehnten Stufe lenkt er, wie es in diesem Text heißt,

> den Geist auf das Wissen von der Wiedererinnerung an die früheren Stätten. Der erinnert sich in mannigfacher Weise der früheren Stätten, nämlich an eine Geburt, an zwei Geburten, an drei Geburten, an vier Geburten, an fünf Geburten, an zehn Geburten, an zwanzig Geburten, an dreißig Geburten, an vierzig Geburten, an fünfzig Geburten, an hundert Geburten, an tausend Geburten, an hunderttausend Geburten, an mehrere Weltschrumpfungszeiten, an mehrere Welterblühenszeiten ... So lenkt er den Geist auf das Wissen vom Schwinden und Wiederauftauchen der Wesen.

Es ist also ein allmähliches Verstehen und Erkennen der größeren Zusammenhänge der Welt. Nicht nur dem historischen Buddha werden entsprechende Erkenntnisse zugeschrieben, sondern jedem, der zum Erwachen gelangt. Ob dies möglich sein kann, ist eine Glaubensfrage.

Im Buddhismus selbst werden die genannten Wunderkräfte ganz unterschiedlich beurteilt. Einerseits werden sie als unbedeutend abgetan. Wer sie durch Yoga oder Meditationspraxis erlernt, soll sich ihrer nicht bedienen, denn sie lenken ab von dem eigentlichen Ziel des geistigen Erwachens und können das Ego verstärken. Für die buddhistische Ethik ist es verwerflich, sich derartiger Fähigkeiten zu rühmen und dadurch Anerkennung zu suchen, es ist ein schweres Vergehen, das mit Diebstahl, Unzucht und Totschlag auf eine Stufe gestellt wird. Andererseits aber gibt es im volkstümlichen Buddhismus viele Erzählungen, die um solche Wundertaten kreisen. So werden bedeutenden buddhistischen Meistern Fähigkeiten dieser Art zugeschrieben, und nicht selten wetteifern Schüler um die angeblich größeren parapsychologischen Großtaten ihrer Meister. Dann wird das Wesentliche mit dem Unwesentlichen nicht nur verwechselt, sondern die Gewichtungen werden genau umgekehrt.

Kosmologie

44. Welche Modelle der Weltentstehung gibt es? Nach buddhistischen Vorstellungen ist die Welt anfangslos und vollzieht sich aus eigener Dynamik in immer neuen Zyklen des Werdens und Vergehens. Welche Zyklen dies sind und in welchen Zeiträumen sie sich abspielen, erläutert der Buddhismus mit Theorien, die zur Zeit seiner Entstehung in Indien Allgemeingut waren und teils bis heute sind. Indische Kulturen denken die Abfolge von vier «Weltzeitaltern» (*yugas*) in unermesslich langen Zeiträumen, die wiederum eine Weltperiode (*kalpa*) bilden. Die vier Weltzeitalter sind gekennzeichnet durch zunehmende Dekadenz, verbunden mit einer Verkürzung der Lebenszeit: 1. Krita-Yuga (1728000 Menschenjahre), 2. Treta-Yuga (1296000 Jahre), 3. Dvapara-Yuga (864000 Jahre), 4. Kali-Yuga (432000 Jahre). Der Weltprozess hat keinen Anfang in der Zeit. Durch Expansion und Kontraktion wird in zyklischer Oszillation über unermessliche Zeiträume hinweg ein Universum nach dem anderen hervorgebracht und wieder zerstört. Die indischen Literaturen einschließlich der buddhistischen kennen eine Fülle von Geschichten, bei denen spezifische Zeitmuster eine Rolle spielen, also Ursache-Wirkungs-Ketten, die den karmischen Fluss der Geschichte verdeutlichen. Interessant ist das zeitliche Geschehen jedoch nur, insofern es die Möglichkeit bietet, sich selbst zu transzendieren, das heißt, den Kreislauf der Geburten zu überwinden, Befreiung zu erlangen und in die zeitlose Fülle (*purna*, im Buddhismus: *nirvana*) einzugehen. Gegenwärtig ist die Welt im Kali-Yuga, einer «Endzeit» (*mappo*), wie es in Japan heißt. Insbesondere der chinesische und japanische Buddhismus sind in Krisenzeiten (wie z. B. zur Zeit der Mongolenstürme im 14. Jahrhundert) von dem Gedanken einer eschatologischen Endzeit erfüllt gewesen, die es verlangt, dass man sich der buddhistischen Praxis besonders intensiv unterziehen müsse.

Das Universum ist in dynamischer Selbstentstehung und -veränderung begriffen. Energien entstehen aus früheren Konstellationen, verbinden sich zu neuen Formen und vergehen, wenn ihr Impuls verbraucht ist, um dann neuen Formen Raum zu geben, die sich nach den Prinzipien der vorigen Gestaltungen entwickeln. Alles entsteht in wechselseitiger Abhängigkeit (*pratityasamutpada*). Daraus folgt die organische Verbundenheit aller Erscheinungen. Der Buddhismus hat dieses Prinzip in der Logik, in der Wahrnehmungs- und Erkenntnistheorie, in der Anthropologie und in der Kosmologie angewendet. Es handelt sich um eine dynamische Kausalität, nicht um eine einlinig-statische (M. v. B. 2007: 133 ff.). Alles ist Wechselwirkung. Alles steht mit allem in Verbindung, und deshalb ist alles Ursache für bestimmte Wirkungen, die wiederum zur Ursache aller Erscheinungen werden. Jedes Glied in der Kette des Entstehens enthält alle anderen und trägt deshalb alle Möglichkeit und Wirklichkeit in Vergangenheit, Gegenwart und Zukunft in sich.

45. Kennt der Buddhismus einen Schöpfungsmythos? Nein, die Wirklichkeit wird erklärt, wie unter Frage 44 angedeutet. Der Buddha hat jegliche Spekulationen über einen möglichen Anfang oder ein Ende der Welt als überflüssig abgelehnt. Es genüge, den Mechanismus des Entstehens von Leiden zu durchschauen und eine entsprechende Lebenspraxis zu erlernen, damit dieser Mechanismus durchbrochen und das Nirvana erlangt werden könne. Weiterführende Spekulationen wie solche nach der ersten Ursache der Welt seien Zeitverschwendung und irrelevant. Dazu erzählt er das berühmte Gleichnis vom vergifteten Pfeil (Frage 23).

Als der Buddhismus jedoch nach China, Tibet, Japan und somit in andere Kulturen kam, hat er die vorgefundenen Mythen, auch Schöpfungsmythen aufgenommen und symbolisch umgedeutet. Solche Schöpfungsmythen sind mit dem Buddhismus verknüpft und in der buddhistischen Volkskultur immer wieder neu erzählt worden. So etwa seien die Tibeter aus einer Verbindung zwischen Primaten und Menschen hervorgegangen – kein kosmologischer, aber ein anthropologischer Schöpfungsmythos, der die Einheit der Natur beschwört. In Japan gibt es den Kult der Sonne aus vorbuddhistischer Zeit: Die Sonnengöttin Amaterasu, Ahnin der japanischen Kaiser, schuf ein erstes Paar, Izanami und Izanagi, aus deren Verbindung dann das gesamte Menschengeschlecht hervorgegangen ist (nach anderen Deutungen sind sie Urahnen ausschließlich der Japaner). Solche Mythen spielen in der Literatur und Kunst, aber auch in ritualisierten Festivitäten der Volksreligion eine nicht unbedeutende Rolle.

Spirituelle Aspekte

46. Was bedeutet Leiden? Als Ausgangspunkt der buddhistischen Lehre vom Zustand des Menschseins gilt das «Leiden» (s. Frage 23). Dies ist die übliche, aber nicht unproblematische Übersetzung des Begriffs *duhkha* (Pali: *dukkha*), der mit «Frustration» wiedergegeben werden kann. Die Argumentation des Buddhismus ist folgendermaßen:

1. Alles, was als Wirklichkeit erscheint, ist zusammengesetzt (*samskrita*).
2. Alles Zusammengesetzte löst sich wieder auf, ist also vergänglich (*antiya*).
3. Die Strukturmuster, nach denen sich Zusammensetzung und Auflösung vollziehen, sind sich selbst erzeugende reziproke Kausalketten (*karman*).
4. Das *karman* bewirkt, dass alle vergänglichen Dinge in gegenseitiger Abhängigkeit entstehen und vergehen (*pratityasamutpada*).
5. Alles Vergängliche (*anitya*) ist «leidvoll» (*duhkha*).

Leiden ist das Ergebnis der Vergänglichkeit von allem. Nicht die Vergänglichkeit als solche ist Inbegriff des Leidens, sondern der Versuch des Menschen, dem Augenblick Dauer zu verleihen, um sich selbst Stabilität und Identität *(atman)* zu geben. Da der Mensch nach denselben Prinzipien funktioniert wie alle anderen Dinge, hat er keine ewige und unzerstörbare Identität, sondern er ist ein System, das sich aus Grundelementen (*skandhas*) (s. Frage 33) nach den Strukturmustern des Karma (*karman*) dauernd zusammensetzt, auflöst, wieder zusammensetzt usw. Aus egozentrischer Selbstbehauptung verkennt der Mensch diese Tatsache und schafft sich die Illusion, beständig zu sein. Um diese Illusion aufrechtzuerhalten, giert er in einem unstillbaren Durst (*trishna*) nach Dasein, wobei ihm alles zum Objekt dieser Gier werden kann, was ihn stabilisiert. Da diese Haltung auf einer falschen Grundannahme beruht und dem Weltgesetz widerspricht, muss sie ständig frustriert werden. Diese Frustration ist *duhkha*. Dies ist also weniger ein ethischer und schon gar nicht ein ontologischer, sondern ein *epistemisch-psychologischer* Begriff. Dabei sind das Erleiden von *duhkha* und die Verursachung von *duhkha* für andere unvermeidlich miteinander verbunden, denn beide wurzeln in der Gier, die mit der Aneignung von Objekten entsteht, wie auch im Hass, der auftritt, wenn das Begehren frustriert wird. So werden Gewalt und Leiden freigesetzt. Nur durch Einsicht (*prajna*), die in meditativer Versenkung gründet, kann diese Wurzel des Leidens überwunden werden. Da die gesamte buddhistische Lebenspraxis darauf ausgerichtet ist, Leiden für andere und für sich selbst zu vermindern, wurzelt die Ethik unmittelbar in der meditativen Erfahrung, die anzuleiten und zu kultivieren das Bestreben jeder buddhistischen Übung ist.

47. Hat Leiden auch positive Seiten? Aus buddhistischer Sicht ist eine Antwort auf diese Frage schwierig, denn es geht darum, die Ursache des Leidens bewertungsfrei zu analysieren und das Leiden zu überwinden. Insofern kann Leiden keine «positive» Seite haben. Es kann, psychologisch betrachtet, jedoch eine intensivierende Funktion bekommen, wenn nämlich der Leidensdruck die Motivation zur spirituellen Praxis stärkt. So gab es z. B. im frühen Buddhismus Meditationen auf Leichenverbrennungsplätzen oder am Krankenlager, denn je eindringlicher sich der Mensch seiner Vergänglichkeit bewusst wird, umso zielgerichteter wird die Suche nach einer Lösung. Auch wer einem Leidenden beisteht, kann dadurch seine spirituelle Praxis intensivieren und positives Karma ansammeln. Dieser Aspekt spielt ganz besonders in den Ländern des Theravada-Buddhismus eine herausragende Rolle.

48. Gibt es stellvertretendes Leiden? Im Sinne der christlichen Vorstellung vom stellvertretenden Leiden Christi gibt es Vergleichbares im Buddhismus nicht. Jedes Lebewesen ist verantwortlich für sein Leben und muss die karmische Wirkung des eigenen Handelns auch erleiden. Allerdings werden in den Jataka-Erzählungen (die Geschichten aus den vorangegangenen Leben des Buddha) zahlreiche Episoden geschildert, in denen der Buddha um des Wohlergehens anderer mit-leidet und sogar durch Hingabe seines eigenen Lebens das Leben anderer Lebewesen (Menschen und Tiere) rettet. Dies ist aber eher altruistisches Handeln als stellvertretendes Leiden. Auch dieses Einwirken unterliegt der karmischen Kausalität.

Im Buddhismus, besonders im Mahayana Tibets und Ostasiens, gibt es allerdings die Vorstellung von der «Verdienstübertragung».

Schon im frühen Buddhismus nennen Inschriften an Stupa-Anlagen nicht nur die Namen der Spender, sondern enthalten gelegentlich auch den Hinweis, dass die «Verdienste» (*punya*) aus dieser Spende z. B. den verstorbenen Eltern zugutekommen mögen. Im Mahayana wird diese Praxis an zentraler Stelle, nämlich bei den Gelübden eines Bodhisattva, ausgeübt. Bei (fast) allen religiösen Übungen (Spenden, Rezitationen, Abschreiben von heiligen Schriften, Meditation) werden die «Verdienste», die sich aus dieser guten Tat ergeben, auf andere Lebewesen übertragen. Warum? Es gehört zum Wesen der Praxis, dass man keine egoistischen Motive entwickelt, dass man also auch die positiven Bewusstseinsformungen, die sich karmisch in das Bewusstsein einprägen, nicht für sich selbst «beansprucht». Die Übertragung von *punya* auf andere ist somit keine zusätzliche spirituelle Praxis, sondern sie ist jeder Praxis inhärent. Das trifft auch zu, wenn man Leid auf sich nimmt, um das Leid anderer zu mindern oder das Glück anderer zu mehren. Dies ist aber keine «Stellvertretung», sondern ein Gewahrwerden der Einheit allen Lebens trotz und gerade in der Unterschiedlichkeit der individuellen Schicksale.

49. Bedeutet «Gleichmut» ein Frei-Sein von Gefühlen? *Upeksha* (Pali: *upekkha*), Gleichmut, ist eine der zentralen Tugenden des Buddhismus. Sie zählt zu den vier «Wohnungen im *brahman*» (Zuständen des Wohnens im Höchsten) und muss im Kontext der anderen drei Zustände oder «Tugenden», nämlich Liebe (*maitri*), heilende Hinwendung zu allen Wesen (*karuna*) und Freude (*mudita*), verstanden werden. In der spirituellen Praxis wird die Aufmerksamkeit zunächst auf sich selbst, dann auf die Familie, dann auf die Lebewesen im lokalen Umfeld und schließlich auf alle Wesen im Universum gerichtet. Mit konzentrierter Energie werden dabei diese vier Qualitäten auf die Lebewesen in der ganzen Welt ausgestrahlt. Dies kann allgemein bleiben, meist werden aber auch konkrete Menschen (oder Tiere) vorgestellt und visualisiert. Es geht um die Ausstrahlung von Wohlwollen, Güte, Barmherzigkeit zu allen Wesen, unabhängig von Sympathie oder Antipathie, also leidenschaftsfrei. Genau das ist «Gleichmut». Es ist ein Frei-Sein von Bewertungen und eigenen Interessen, eine Anerkennung der Gleichheit, der «Würde» aller Lebewesen, unabhängig von ihrer Nähe oder Distanz zu sich selbst. Es bedeutet also Frei-Sein von wertenden Gefühlen, ist aber erfüllt von dem «Gefühl» der Liebe und heilenden Hinwendung zu allen. Es ist ein Gefühl jenseits von Gefühlen, das im Bewusstsein der Einheit oder fundamentalen Verbundenheit gründet. Eine christliche Parallele könnte man ziehen, wenn man an den Unterschied von Eros (begehrende Liebe) und Agape (geistige Verbundenheit in wertungsfreier Liebe) denkt.

50. Wie gehen Buddhisten mit negativen Emotionen wie Wut und Hass um? Wut und Hass sind leidverursachende Emotionen (*klesha*), die sich vor allem aufgrund von Frustration und nicht erfülltem Begehren entwickeln. Wenn die ichhafte Gier nach Gütern, Anerkennung, Ruhm usw. überwunden wird, verschwinden auch Wut und Hass. Gier wiederum ist eine Folge der Unwissenheit (*avidya*), die darin besteht, das irrtümlich für real gehaltene Ich stabilisieren zu wollen. Einsicht und spirituelle Erfahrung der wesensmäßigen Verbundenheit und wechselseitigen Abhängigkeit ist also letztlich das Heilmittel gegen Wut und Hass. Die verschiedenen buddhistischen Schulen haben ganz konkrete Übungen zur Überwindung dieser Emotionen entwickelt. Dabei wird zwischen Wut (*krodha*) und Hass (*dvesha*) genau unterschieden, die Merkmale und Empfindungen, die mit beiden Emotionen verbunden sind, werden genau differenziert. Wut ist eine spontane Reaktion, Hass ist ein zur Gewohnheit gewordener Zustand, der sich gegen bestimmte Menschen – aufgrund negativer Erfahrungen – richtet. Hass ist also Projektion und Vor-Urteil, unabhängig davon, wie sich die betreffende Person im Augenblick verhält. Durch Hass wird die Wahrnehmung verblendet.

Wut bricht spontan hervor. Der buddhistische Umgang damit ist zunächst die selbstbeobachtende Aufmerksamkeit: die körperlich spürbare Wut, etwa durch Empfindungen aufsteigender Energie im Bauch oder Hals, muss so früh wie möglich wahrgenommen werden, damit sie umgelenkt werden kann. Wut kann durch bewusst eingesetzte «Gegenmittel», etwa durch ein Empfinden von Barmherzigkeit, ausgeglichen werden. Visualisierungen positiver Art sollen helfen, die Wut auszugleichen. Die Energie der Wut wird dabei nicht unterdrückt, sondern genutzt, um positive, heilende Gefühle gegenüber dem, der die Wut ausgelöst hat, zu entwickeln.

Hass hingegen bedarf auch der mentalen Analyse. Es wird genau nach den Ursachen gefragt, und die eigenen Anteile und Projektionen sowie der Auslöser für den Hass werden unterschieden. Hass wird durch Selbstanalyse transparent gemacht und mittels der Meditation liebender Güte (durch Wortrezitation, Visualisierung, gütige Handlungen) als geeignetes Gegenmittel aufgelöst. Im chinesischen Buddhismus, vor allem in den Zen-Schulen, kommt noch ein Mittel hinzu: der Humor und die Ironie. Dabei hält der Meister dem wütenden oder hasserfüllten Schüler einen geistigen Spiegel vor Augen, indem etwa durch humorvolle Handlungen, zu der früher auch erweckende Schläge mit dem Stock gehören konnten, ironisierende Beispielgeschichten und die Inszenierung absurder Situationen der Zorn bzw. der Hass durchschaubar gemacht werden. Dafür ein typisches Zen-Beispiel (Reps 1987: 72 f.):

> *Die Pforten des Paradieses*
> Ein Soldat namens Nobushige kam zu Hakuin und fragte: «Gibt es wirklich ein Paradies und eine Hölle?»
> «Wer bist du?», erkundigte sich Hakuin.
> «Ich bin ein Samurai», antwortete der Krieger.
> «Du ein Soldat?», rief Hakuin. «Welcher Herrscher mag dich wohl zur Schildwache haben! Dein Gesicht sieht aus wie das eines Bettlers.»
> Nobushige wurde so wütend, dass er nach seinem Schwert griff, aber Hakuin fuhr fort: «So, du hast ein Schwert! Deine Waffe ist wohl viel zu stumpf, um mir den Kopf abzuschlagen.»
> Als Nobushige sein Schwert zog, bemerkte Hakuin: «Hier öffnen sich die Pforten der Hölle!»
> Bei diesen Worten steckte der Samurai, der die Methode des Meisters erkannte, sein Schwert in die Scheide zurück und verneigte sich.
> «Hier öffnen sich die Pforten des Paradieses», sagte Hakuin.

Schließlich kommt auch noch die Einsicht in die Vergänglichkeit ins Spiel – jede Hassprojektion bezieht sich auf Vergängliches, und es kommt darauf an, die eigene psychische Energie besser darauf zu richten, die hinter dem Vergänglichen aufscheinende Wirklichkeit zu erspüren.

51. Wie begegnet man Menschen, die töten oder andere missbrauchen? Die fünf ethischen Regeln gelten für alle Menschen: das Nicht-Verletzen von Lebewesen, das Nicht-Nehmen, was einem nicht gegeben wird, das Vermeiden unheilsamer sexueller Beziehungen, die Wahrhaftigkeit, die Vermeidung des Gebrauchs von Rauschmitteln (s. Frage 68). Darüber hinaus geloben Mönche und Nonnen in vielen Einzelregeln, jeden Schaden von anderen abzuwenden und egozentrische Einstellungen jeder Art zu überwinden. Totschlag (von Menschen und allen anderen Lebewesen) und Missbrauch anderer zum Zweck des eigenen Begehrens oder Machterhalts oder Ruhmes sind also geächtet. Im Mahayana allerdings gibt es ethische Richtlinien, die sich auf Güterabwägung beziehen. Wenn z.B. ein Massenmord verhindert werden kann, indem der (potentielle) Mörder außer Gefecht gesetzt oder gar getötet werden muss, ist Gewalt erlaubt, unter Umständen sogar geboten.

Die Frage zielt aber vor allem auf die Praxis des Umgangs mit Übeltätern. Im Buddhismus haben alle Wesen die Buddha-Natur, auch derjenige, der Böses getan hat. Es wird also zwischen Tat und Täter unterschieden. Während die Tat klar zu verurteilen ist, soll der Täter zur Erkenntnis und Einsicht kommen, seine Verfehlung (rechtlich geordnet) büßen und durch Praxis des Dharma zu einem besseren Verhalten angeleitet werden. Auch hat er negatives Karma auf sich geladen, das er ausgleichen muss, ebenso die äußeren Schäden, die er verursacht hat. So etwa hat schon im 3. Jahrhundert v. Chr. Kaiser Ashoka, nachdem er blutige Schlachten geschlagen und seine bösen Taten erkannt und bereut hatte, einen Wohlfahrtsstaat aufgebaut und gelobt, wenn möglich nicht mit dem Strafgesetz (*danda*), sondern auf der Basis von Erziehung (*dharma*) zu regieren. Sein Handeln gilt als Ausgleich des negativen Karmas, das er zuvor angehäuft hatte.

Dem Mörder und dem Morden mit Festigkeit zu widerstehen, gegebenenfalls durch Hingabe des eigenen Lebens, ist auch eine Praxis buddhistischer Mönche in Vietnam und Tibet (gewesen). Sie haben sich aus Protest und um die Öffentlichkeit aufzurütteln selbst verbrannt als «Opfer für den Buddha», wie es im Lotos-Sutra heißt, aber auch als mitfühlende Handlung angesichts der unter Diktatur, Folter und Mord Leidenden. Dies ist aber der Extremfall. Als «klassische Praxis» gilt die Liebe zum Feind, denn angesichts der Hartherzigkeit des Feindes kann die eigene selbstlose Hingabe geübt und praktiziert werden und schließlich den Gegner zum Freund werden lassen. In diesem Sinn sind die Strophen über das Geistestraining des tibetischen Meisters Langrithang-pa (1054–1123) ein gutes Beispiel für den Umgang mit Gegnern und Feinden, auch wenn es dabei um Mord und Missbrauch geht. Schließlich sind, nach tibetischer Vorstellung, im Kreislauf der Geburten alle Lebewesen einander «Mütter und Väter» gewesen. Der Dalai Lama schreibt (1986: S. 137 ff.), dass er diese Verse täglich meditiert:

Acht Strophen über das Geistestraining

1. Fest entschlossen, das höchste Wohl
   für alle lebenden Wesen zu erlangen,
   die großartiger sind als selbst ein wunscherfüllender Edelstein,
   möchte ich lernen, sie zutiefst zu lieben.

2. In der Gemeinschaft mit anderen werde ich lernen,
   von mir als dem Niedrigsten von allen zu denken
   und die anderen achtungsvoll hochzuschätzen
   aus der Tiefe meines Herzens.

3. Bei allem Tun will ich lernen, meinen Geist zu erforschen.
   Und sobald sich Leidenschaften erheben,
   die mich und andere gefährden,
   werde ich ihnen fest entgegentreten und sie abwenden.

4. Ich will lernen, mich um Wesen mit schlechter Natur zu kümmern
   und um jene, die von schlimmen Sünden und Leiden bedrückt werden,
   als ob ich einen kostbaren Schatz gefunden hätte,
   den man nur sehr selten finden kann.

5. Behandeln mich andere aus Eifersucht schlecht,
   mit Beschimpfung, Verleumdung und noch mehr,
   will ich lernen, den Verlust zu ertragen
   und ihnen den Sieg anzubieten.

6. Wenn jemand, dem ich mit großer Hoffnung Wohltaten erwiesen habe,
   mich grundlos sehr verletzt,
   so will ich lernen,
   diesen Menschen als vortrefflichen geistigen Führer zu betrachten.

7. Kurz, ich will lernen,
   jedem ohne Ausnahme alle Hilfe und alles Glück direkt und
   indirekt darzubringen und achtungsvoll
   Schmerz und Leiden meiner Mütter auf mich zu nehmen.

8. Ich will lernen, all diese Übungen rein zu halten
von den Befleckungen der acht weltlichen Auffassungsweisen
und, indem ich alle Erscheinungen als Illusionen durchschaue,
von der Fessel des Anhaftens erlöst zu werden.

Meditationspraxis

52. Sind Kontemplation und Meditation dasselbe? Diese Unterscheidung ist vor christlichem Hintergrund getroffen worden. Unter Meditation versteht man (meistens) die intensive Reflexion *über* einen Text, ein Bild, ein Ereignis usw. Unter Kontemplation versteht man (meistens) einen Zustand intensiver Versenkung und Gottesbetrachtung (das Gefühl der Einheit mit Christus oder mit Gott). Diese Unterscheidung entspricht nicht den buddhistischen Meditationsformen.

Eine der ältesten und durchgängigen Unterscheidungen im Buddhismus ist die von *shamatha*, Konzentration, und *vipashyana*, eine besonders tiefe oder existentiell wirksame Einsicht. Was heißt das? Mittels Konzentration wird das Bewusstsein auf einen Punkt gelenkt, damit es ohne abzuschweifen für längere Zeit dort verweilt. Durch Aufmerksamkeitslenkung auf bestimmte Körperempfindungen, auf den Atem, auf einen Gegenstand, auf einen Klang usw. entsteht eine vollkommene Gemütsruhe. Es handelt sich dabei in jedem Fall um die Wahrnehmung eines sinnlichen Impulses. *Vipashyana* hingegen ist der Umgang mit verknüpften Bewusstseinsinhalten, also z. B. der Vergänglichkeit, dem Leiden, dem Nicht-Ich. Durch die Betrachtung dieser Inhalte und ihr jeweiliges Gegenteil entsteht eine innere Unerschütterlichkeit. Im Mahayana-Buddhismus kulminieren diese Übungen in der Einsicht in die Leerheit aller Erscheinungen. Dabei beobachtet und bedenkt man die vorüberziehenden Impulse, also die Zeitlichkeit. Leerheit wird so zur Erfahrung des gegenseitigen Durchdrungenseins und der wechselseitigen Abhängigkeit aller Erscheinungen.

Dies ist eine Einsicht. Sie ist oft verbunden mit dem Gefühl eines unendlichen Raumes und einer absoluten Gegenwart, wo keine Zeit vergeht, sondern das Bewusstsein in gleichbleibendem Gewahrsein ruht. Im Zen werden solche Einsichten existentiell erfahren durch die Aufgabe, ein Koan zu lösen, wie z. B.: «Zwei Hände klatschen aneinander. Höre den Ton der einen Hand.» Diese Aufgabe ist rational nicht lösbar. Es geht auch nicht um eine rationale Lösung, sondern um ein Erlebnis der Nicht-Dualität, das jedem Klang, jedem Klatschen, jeder Bewegung der Hand und des Bewusstseins, das die Bewegung registriert, zugrunde liegt. Es ist eine Einsicht auf anderer Ebene, die körperlich-psychisch-mental zugleich realisiert wird.

Wenn man nun die Konzentration als Meditation, die vertiefte existentielle Einsicht hingegen als Kontemplation bezeichnet, so gibt es im Buddhismus sehr wohl beides. In diesem Fall ist Meditation die Voraussetzung für Kontemplation, und Letztere intensiviert wiederum die Erstere.

53. Welche Bedeutung hat der Meister bzw. Lehrer, und wie erkennt man Scharlatane? Diese Frage ist besonders in Europa und Amerika relevant, wo der Buddhismus neue Formen entwickelt hat und die in Asien etablierten sozialen Muster und Kontrollen nicht mehr greifen. Im Theravada gibt es (kaum) selbsternannte Meister, sondern Mönche, die Gelübde abgelegt und in einer klösterlichen Gemeinschaft ein intensives Training absolviert haben. Sie kennen sich in der gesamten Tradition der kanonischen Schriften und ihrer Kommentare aus und leben nach der strikten Mönchsregel. Das jedenfalls ist das überprüfbare Ideal. Im Mahayana hingegen kommt der Wertschätzung von charismatischen Persönlichkeiten ein hoher Stellenwert zu. Das betrifft die tibetischen Tantriker ebenso wie die chinesischen, koreanischen und japanischen Zen-Meister. Ihre Bedeutung liegt in ihrer Persönlichkeit, die durch Vorbild und meditative Erfahrung, Gelehrsamkeit sowie pädagogische Kunst den Schüler anspricht. Diese Meister sind eher Künstlern als Gelehrten vergleichbar, und das macht sie so faszinierend, aber auch anfällig für Projektionen.

Ohne die Begleitung durch einen erfahrenen Meditationsmeister bzw. eine Meisterin (es gibt derer bereits in den asiatischen Kulturen nicht wenige, heute aber im Westen aufgrund der Überwindung patriarchaler Verhältnisse auch im Buddhismus immer mehr) kommt man auf dem Weg nicht voran, man braucht einen (menschlichen) Spiegel, der die Fortschritte, Rückschritte und Fallstricke des spirituellen Weges reflektiert, einen Menschen also, der sich auskennt. Meditation lässt sich nicht aus Büchern lernen, jedenfalls wenn man tiefer in die Welt des Geistes vordringen will, weil jeder Schritt höchst individuell ist und nur durch das Ergreifen der ganz individuellen Möglichkeiten und Erfahrungsspuren weiterführt. Es ist wie beim Erlernen des Gesangs oder eines Musikinstruments oder einer anderen Kunst: Der gute Lehrer begeistert durch seine Erfahrung und sein Vorbild. Aber er wird nicht seine eigenen Erfahrungen übertragen wollen, sondern erkennt das Besondere des Schülers und fördert dies.

In Asien waren und sind solche Meister in Traditionslinien eingebunden. Sie werden von ihrem Lehrer beauftragt, selbst zu lehren, wenn er den Schüler für reif hält. Das tut er traditionsgemäß nach jahrelanger Praxis der Meditation und gründlicher Prüfung der Tiefe der spirituellen Erfahrung wie der Persönlichkeit. Manchmal gibt es für die Übertragung auch Regeln – wie in Japan die zeremonielle Übertragung der Dharma-Linie auf den Schüler (*inka shomei*) –, aber oft lehnen Tantriker oder Zen-Meister eine solche formalisierte Beauftragung ab. Denn auch sie schützt nicht vor Missbrauch und bleibt nicht selten bei institutioneller Oberflächlichkeit stehen, zudem kann sie in dem Betreffenden Stolz wecken. Im Westen fehlen diese sozialen Institutionen des Buddhismus und die damit verbundene Kontrolle. Es gibt unerfahrene «Meister», obwohl sie die formale Ausbildung (in Asien oder auch im Westen) absolviert haben, die aber nicht die nötige Reife haben. Und es gibt «Meister» mit einer tiefen Meditationserfahrung, die aber aufgrund persönlicher Dispositionen das Vertrauen und die Hingabe der Schüler für ihre eigene Bedürftigkeit missbrauchen. Manchen «Meistern» ermangelt es aber auch schlicht an pädagogischem Geschick. In jedem Fall sollte ein Schüler aufmerksam sein und herausfinden, welcher Lehrer zu ihm passt – was für den einen gut ist, muss es nicht für den anderen sein. Ein «Meister», der die Schüler nur gewinnen will und ihnen nach dem Mund redet, ist nutzlos; er muss auch widersprechen und konfrontieren, aber pädagogisch so, dass die Kritik konstruktiv und nicht vernichtend ist.

Woran erkennt man Scharlatane? Sie verlangen oft «absoluten Gehorsam», haben keinen Humor, verfügen über wenig Selbstironie und sind kritikresistent. Dass Lehrer auch materielle Mittel zum Leben benötigen, mit dem Geld vielleicht Zentren aufbauen und andere Menschen unterstützen, ist selbstverständlich und kein Kriterium für Scharlatanerie. Es kommt auf das Maß und die Transparenz an. Ebenso kann es geschehen, dass sich zwischen Menschen in einer meditierenden Gemeinschaft Liebe entwickelt, wobei aber deutlich zwischen Liebe und Bedürftigkeit bzw. einem egozentrischen Ausnutzen der Hingabe eines anderen Menschen für eigene Bedürfnisse unterschieden werden muss. Hier ist auch die Kontrolle durch die Gemeinschaft gefordert, der eine viel größere Rolle zukommen muss und soll, als dies in Asien unter weniger demokratischen Verhältnissen der Fall war. Auch wenn ein spiritueller Meister auf seinem Gebiet kompetent ist – er/sie ist kein vollkommener Mensch. Das zu erwarten wäre wiederum seitens der Schüler eine groteske Projektion. Auch ein Meister/eine Meisterin bedarf der Korrektur durch die anderen Mitglieder der meditierenden Gemeinschaft. Sich einer solchen Prüfung ständig zu unterziehen, mit Humor, Bescheidenheit und Dankbarkeit für die Korrektur, unterscheidet einen Meister vom Scharlatan.

54. Warum ist Mitgefühl bei manchen Meditierenden nicht stark entwickelt? Mitgefühl ist eine menschliche Fähigkeit, die darin gründet, dass geistige Zustände anderer Menschen gespiegelt und (fast) genauso wie die eigenen empfunden werden können. Dies ist ein Erbe der Evolution, und daran hängt das Überleben des einzelnen Menschen in Gemeinschaften. Mitgefühl kann sozial entwickelt werden oder auch nicht, es unterliegt also einem Lernprozess, der emotionale, kognitive und soziale Verarbeitung von Erfahrungen impliziert.

Meditation ist Geistesschulung, die Konzentration und Koordinierung von Denken und Fühlen ermöglicht, so dass eine intensivere Kreativität entsteht. Sie kann für unterschiedliche Zwecke eingesetzt werden. Ursprünglich war Meditation fast ausschließlich im religiösen und künstlerischen Rahmen angesiedelt, und in alten Kulturen wurden diese Bereiche gar nicht unterschieden. Im Kontext moderner Industriegesellschaften aber werden Absichten, Gefühle und Handlungsmuster des Menschen zunehmend abgekoppelt von der Hingabe an ein Ganzes (Religion) oder an die Gesellschaft (altruistisches Handeln) und dienen eher der Selbstverwirklichung und der Gewinnmaximierung. Sogenannte Selbstverwirklichung meint oft vordergründig die Durchsetzungsfähigkeit gegenüber Ansprüchen anderer, also ein ichbezogenes Handeln unter Konkurrenzdruck. Wenn Meditation in diesem Rahmen mit dem Ziel geübt wird, z. B. als Manager noch erfolgreicher und durchsetzungsfähiger zu werden, dann hat das nichts mit Mitgefühl und sozialer Verantwortung zu tun, sondern ist Inbegriff eines sich selbst optimierenden Individualismus. Man nutzt Meditation zum Stressabbau, um sich fit zu machen im wirtschaftlichen Kampf und sich selbst und andere umso effektiver ausbeuten zu können. Dies entspricht nicht dem spirituellen Ideal, weder im Buddhismus noch im Christentum. Durch die «Ökonomisierung» aller Lebensbereiche, auch von Religion und spirituellen Gemeinschaften, kann auch Meditation zur Selbstzerstörung und Zerstörung der Mitwelt beitragen.

55. Gibt es eine einheitliche Grundlage für die vielen Formen der Meditationspraxis? Ja, und zwar den Körper und das Körperbewusstsein. Alle Arten von Meditation beginnen auf der Körperebene, mit der Wahrnehmung der Empfindungen, die der Körper aussendet. Man lernt, genau hinzuspüren und diese Signale bewertungsfrei wahrzunehmen. Dies kann in Ruhe oder Bewegung geschehen, also z. B. beim reglosen Sitzen, aber auch beim Gehen und Tanzen. Damit verbunden ist der Atem. Der Atem geschieht. Den Atem wahrzunehmen, ihn zunächst fließen zu lassen und dann auch zu beeinflussen (verlangsamen und beschleunigen), ist die zweite Grundlage jeder Meditation. Bei der konkreten Ausgestaltung der Atemübungen, dem Umgang mit der mentalen Ebene (Gedanken, Gefühle), der Steuerung der Aufmerksamkeit und der Versenkung in eine alles umfassende Ruhe handelt es sich um fortgeschrittene Übungen, die sich in den verschiedenen Traditionen unterscheiden, und zwar innerhalb einer Kultur (Religion) wie auch zwischen den Kulturen. Alle aber basieren auf der universalen anthropologischen Gegebenheit des Körpers, der bei allen Menschen nach den gleichen Prinzipien funktioniert. Das ist die Grundlage jeder Form von Meditation.

56. Was bedeutet der Satz «Es atmet mich»? Der Atem ist eine Konstante des Lebens. Solange wir leben, atmet es in uns, auch im Schlaf oder im Koma. Das Ende des Atems ist das Ende des körperlichen Lebens. Der Atem wird von vorbewussten, dem sympathischen und parasympathischen Nervensystem unterliegenden Rhythmen gesteuert, gleichzeitig kann aber der Atem willentlich beeinflusst werden. Er liegt also an der Schwelle von unbewussten und bewussten Vorgängen. Der Atem ist physiologisch bedingter Rhythmus und gleichzeitig psychologisch gestaltete Realität. Wir machen die Erfahrung, dass Emotionen den Atem beeinflussen. So atmen wir schneller, wenn wir aufgeregt sind. Gestalten wir den Atemrhythmus jedoch bewusst gleichmäßig, beruhigen sich auch die Emotionen. Der Atem ist also wie ein Scharnier zwischen unbewussten und bewussten Vorgängen und damit ein Tor zu den tieferen Schichten unseres psychischen bzw. geistigen Wesens.

Wenn in der Meditation die Übung «Es atmet mich» empfohlen wird, so deshalb, weil das Atmen ohne unser Zutun geschieht, ohne den Druck, etwas leisten zu müssen: Der Atem, das Leben geht durch mich hindurch. Ich erfahre mich als Teil und Aspekt der Natur, die in mir wirkt. Ich darf mich dahinein fallen lassen, bin gehalten, getragen, durchpulst, gelebt. Dies zu spüren, nicht nur zu denken, sondern tatsächlich im Atemgeschehen zu erleben, kann außerordentlich entlastend wirken und ein Gefühl von Geborgensein und Heimat erzeugen - das Leben lebt sich in mir, ich kann das dankbar annehmen. Unter dem Druck von Lebenserfahrungen, die bedrohlich sind, unter dem Stress von gesellschaftlichen Ansprüchen, unter der Angst vor Versagen kann diese Übung ausgleichend wirken und Gelassenheit hervorrufen. Dies wiederum ist die Voraussetzung dafür, dass neuer Lebensmut, Hoffnung und Kreativität entwickelt werden, damit anstehende Probleme dann Schritt für Schritt und im Vertrauen auf die Lebenskraft in mir (den Atem) gelöst werden.

57. Ist die Gesunderhaltung des Körpers wichtig für die spirituelle Entwicklung? Ja und nein. Wenn der Körper leidet, weil die einzelnen Systeme nicht mehr synchron arbeiten und aus der Balance geraten sind, erleben wir Unwohlsein oder Schmerz. Das kann negative Auswirkungen auf Emotionen und Bewusstsein haben. Gesundheit ist im Buddhismus kein Selbstzweck. Körperlicher Schmerz, Behinderung oder Verfall können auch die geistigen Kräfte konzentrieren und so zu spirituellem Wachstum beitragen. Wesentlich ist, wie der Geist mit dem Körper umgeht, ob er nun gesund oder krank ist. Glück oder Zufriedenheit hängen primär nicht vom Körperzustand ab, sondern von der geistigen Einstellung zu jedem Zustand. Spirituelle Entwicklung ist ein Bewusstwerdungsprozess, der von dem ausgeht, was ist, um dann in der Intensivierung der Wahrnehmung die dahinter wirkenden Lebenskräfte zu erfahren.

58. Was bedeuten die Begriffe Erwachen und Erleuchtung? Weil diese Frage zentral für das Verstehen des Buddhismus in einem westlichen Kontext ist, soll darauf ausführlicher, und zwar im Vergleich mit jüdisch-christlichen Vorstellungen eingegangen werden. Die Metaphorik des Lichtes oder des Erwachens findet sich in verschiedenen Religionen. Daneben gibt es Bilder, die das auditive sinnliche Wahrnehmen (die Stimme Gottes oder der Engel hören), das Tasten (Gottes Mantel spüren) oder das Schmecken bzw. Riechen (Gott im Sakrament schmecken) ansprechen. In all diesen Bildern geht es darum, einen im sinnlichen Erleben konkreten Erfahrungszugang zur Transzendenz bzw. zu Gott zu erlangen. In jedem Fall wird nach den Berichten derer, die über solche Ereignisse in ihrem Leben reden – meist «Mystiker» genannt –, das Leben durch solche Erlebnisse nachhaltig verändert. Die Wirklichkeit erscheint als Einheit, durchdrungen vom göttlichen Licht oder der göttlichen Gnade, trotz bzw. auch im Leiden.

Die visuellen Metaphern «Schau Gottes» bzw. «Erleuchtung» spielen in den Zeugnissen der Mystiker des Judentums, des Christentums, des Islams, aber auch des Hinduismus eine große Rolle: Der Schauende kann eine Vision haben, die dem normalen sinnlichen Sehen ganz ähnlich ist, es kann aber auch eine «Erleuchtung» sein, bei welcher der Begriff im übertragenen Sinne gebraucht wird, weil das «Sehen» übersinnlich und nicht mit dem gewöhnlichen Sehen vergleichbar ist. In der Hebräischen Bibel ist Gott mit Licht und die Gottesschau mit Erleuchtungsmetaphorik verbunden, etwa wenn Moses Gott bzw. dem Gesandten Gottes im lichterloh brennenden Dornbusch begegnet (Ex 3,2; 24,17); und obschon Moses Gottes Angesicht nicht schauen kann, so glänzt doch, nachdem er mit Gott geredet hat, seine Haut von Licht (Ex 34,29). Die «Schau Gottes» (*visio Dei* bzw. *visio beatifica*) ist die letztliche Sehnsucht der christlichen Tradition; sie geht auf biblische Aussagen und Erfahrungen der Mystiker zurück. Im 1. Johannesbrief z. B. gibt es eine enge Verknüpfung der Metaphorik des Wandelns im Licht (1. Joh 1,7) mit der Schau Gottes (1. Joh 3,2), wo es heißt, dass es die Bestimmung des Menschen sei, Gott zu sehen, wie er ist, und das bedeutet, dass die Menschen in dieser Schau Gott fast gleich werden. Die Schau Gottes ist die Realisierung der göttlichen Vollkommenheit des Menschen, die als Geschenk durch Christus jedem zuteilwird, der sich mit ihm identifiziert – in christlicher Sprache: der ihm vollkommen vertraut (glaubt). So heißt es im christlichen Text der Totenmesse (Requiem) nach der Bitte um Ruhe für die Toten, dass ihnen das ewige Licht scheinen möge: *et lux perpetua luceat eis*. Dies ist das Licht der göttlichen Gegenwart, der unaussprechlichen Er-leuchtung.

Daneben wird im Christentum ebenso eindringlich vom «Erwachen» gesprochen. Der Ruf zu wachen (*gregoreite*) durchzieht die Griechische Bibel, etwa im Gleichnis von den fünf klugen und fünf törichten Jungfrauen (Mt 25,1–13), das ein ständiges Wachsein empfiehlt, damit der Mensch für Christus jederzeit bereit sei. Der Name Gregor ist in der christlichen Tradition bis heute ein Taufname und Programm für das christliche Leben.

Die buddhistische Tradition kennt beide Metaphern: die des Erwachens (*buddha*, der Erwachte) und die des Schauens (jap.: *ken-sho*, Wesens-Schau). Der im japanischen Zen-Buddhismus gebrauchte Begriff *satori* (chin.: *go*) besteht aus zwei Schriftzeichen, dem Zeichen für Geist/Herz bzw. allumfassendes tiefes Bewusstsein (chin.: *hsin*, jap.: *shin*) und dem Zeichen für Ich; aufeinander bezogen können sie interpretiert werden als die erwachte Wahrnehmung der eigenen Geist/Herz-Tiefe. Dies kann sowohl auf auditive wie auch auf visuelle Metaphorik deuten, beschreibt aber in jedem Fall eine alle Bewusstseinsfunktionen vereinende und transformierende Selbsterfahrung. Schon aufgrund des Ehrentitels «Buddha» ist im Buddhismus die Metaphorik des Erwachens zentral. Sie besagt, dass die Bewusstseinsveränderung dem Erwachen aus dem Traumschlaf vergleichbar ist: Ähnlich wie ein Mensch dabei in einen völlig anderen Bewusstseinszustand eintritt und die Welt anders wahrnimmt als zuvor, obwohl sich äußerlich nichts verändert hat, so tritt der Mensch, der zu einem gesammelten transpersonalen Bewusstseinszustand erwacht, in eine andere Wahrnehmungsdichte ein, er erlebt und interpretiert die Welt auch hier anders, ohne dass sich äußerlich etwas verändert hätte. Jeder Mensch hat die Fähigkeit zum Erwachen (die Buddha-Natur) bzw. zu dieser klaren Sicht der Dinge, die, wenn sie vollkommen erreicht ist, von allem Leiden befreit. Wie ist das möglich? Dadurch, dass das Erwachen – in visueller Metaphorik: die Schau des Wesens der Dinge – von der Ich-Perspektive befreit und damit den Egozentrismus überwindet, der die letzte Ursache für das Leiden ist.

Gewöhnlich wird das Erwachen/die Erleuchtung als Resultat eines

Prozesses beschrieben, der durch Meditation ein allmähliches Reifen und Freiwerden des Bewusstseins von seinen eigenen Verstrickungen und Projektionen bezeichnet. Aber gerade im Zen-Buddhismus wird dem widersprochen: Erleuchtung ist eine Realisierung dessen, was immer schon ist, nicht ein Werden. Denn wäre es ein Werden, so wäre es vergänglich, zufällig, vom Ich erzeugt, das es ja gerade loszulassen und zu überwinden gilt. (Christlich gesprochen: Erleuchtung ist reine Gnade, nicht eigene Fabrikation.) Was man selbst tun kann und muss, ist, die Hindernisse wegzuräumen, dann leuchtet die Wahrheit, aus der jeder Mensch immer schon lebt, blitzartig auf und transformiert den Menschen in seiner physisch-psychischen Selbstwahrnehmung.

Im Zen-Buddhismus hat es eine lange Debatte über diesen Unterschied von «allmählich» und «plötzlich» gegeben, die deutlich macht, worum es bei der «Erleuchtung» geht. Demnach ereignet sich aus der Perspektive des Absoluten (chin.: *li tse*), also des erleuchteten Bewusstseins, das Erwachen in einem Augenblick (chin.: *tun*). Mit diesem Erwachen werden alle Verunreinigungen und Projektionen des Bewusstseins, alle relativen Wertungen und Unterscheidungen auf einmal ausgelöscht. Aber in der Praxis geschieht die Auslöschung meist stufenweise. Während in Indien das Bild von der unruhigen Wasseroberfläche verbreitet ist, die spiegelgleich zur Ruhe kommen muss, damit das Bewusstsein auf seinen eigenen Grund blicken kann und somit «erleuchtet» wird, war in China für denselben Vorgang das Bild des Spiegels beliebt, der vom Staub gereinigt werden muss oder auch nicht.

Die Rede von der Plötzlichkeit der Erleuchtung wurde zugespitzt zu der Formulierung, dass es auf dem Spiegel gar keinen Staub gebe, der beseitigt werden müsse, da das Bewusstsein immer rein sei. Unreinheit sei ja gerade die verblendete Illusion. Der Zen-Meister Shenhui (670–762) wollte mit dieser Behauptung die Einheit der Gegensätze, die Einheit von Erleuchtung und Verblendung, die Einheit der erleuchteten Wirklichkeit des Nirvana und der Welt des Wandels, zum Ausdruck bringen: «Was wir plötzliche Erleuchtung nennen, ist zu wissen, dass der eigene Geist von Anfang an leer und ruhig ist.» Der Ausdruck «das eigene Bewusstsein» bedeutet aber keinen ichhaften Selbstbesitz, der auf einer narzisstischen Ego-Inflation beruhen würde, denn dieses Bewusstsein hat keinen Ort und ist schon gar nicht an die Vorstellung von einem Ich gebunden. Es ist vielmehr das reine leuchtende, alldurchdringende Geist-Kontinuum, vielleicht in etwa der absoluten göttlichen Präsenz vergleichbar, wobei in einer solchen Interpretation der Begriff «Gott» alle räumlichen, zeitlichen und auch personalen Vorstellungsinhalte übersteigt und reine transpersonale Gegenwart ist.

Dagegen argumentierten Shen-huis Kontrahenten aus der sogenannten Nordschule des Zen, vertreten durch Shen-hsiu (605?–706), dass dann weder die Bedeutung der Verblendung noch die Notwendigkeit des Erwachens deutlich wäre und auch nicht, *wie* Erleuchtung erlangt werden könne. Dieser Kritik stellt sich Shen-hui, wenn er schreibt:

> Es ist wie Gold und Schlacke, wo beide zusammen als Erz existieren. Wenn man einen Goldschmied findet, der das Erz schmilzt, werden Gold und Schlacke getrennt. Wenn das Gold hundertmal geschmolzen wird, wird es hundertfach reiner, wenn man aber die Schlacke erneut schmelzen will, wird sie zu Sand und Asche. (Hu Shih, Hg., Shen-hui ho-shang i-chi, Shanghai 1930, S. 105)

Einerseits könne Erleuchtung nur plötzlich erlangt werden, andererseits heißt es hier, dass es durchaus einen Stufenweg gebe, der allmählich zum Ziel führen werde. Es ist ein Dilemma: Wenn die Erleuchtung Resultat einer Anstrengung wäre, dann wäre sie bedingt, abhängig vom Willen und gerade nicht die Wirklichkeit, die jenseits der Dualität von Gut und Böse, jenseits auch von Aktivität und Passivität, von Wille und Nicht-Wille, von Letzter Wirklichkeit (*nirvana*) und diesseitiger Welterfahrung (*samsara*) ist. Ist sie aber immer und überall gegeben, also identisch mit der Wirklichkeit, wie sie ist, warum soll man dann nach Erleuchtung streben? Shen-hui beeilt sich denn auch, alle Missverständnisse abzuwehren, indem er der dualistischen Aussage eine nicht-dualistische zur Seite stellt, denn die Erleuchtung lässt sich nur im Paradox formulieren. Er zitiert das Nirvana-Sutra, wo es heißt:

> Alle Lebewesen besitzen von Anfang an und in sich selbst das *nirvana*, sie haben eine unverstellte Weisheitsnatur. Es ist wie Holz und Feuer, welche beide zusammen erscheinen in einem Paar Feuerhölzer. Wenn dann ein Kundiger Feuer aus den Hölzern reibt, werden Holz und Feuer getrennt.

Auch im japanischen Zen wurde das Problem von Zen-Meister Dogen (1200–1253) noch einmal zugespitzt, indem er den alten Satz «Alle Wesen *haben* die Buddha-Natur» veränderte und sagte: «Alle Wesen *sind* die Buddha-Natur.» Denn wenn man etwas hat, kann man es auch nicht haben, dann ist es etwas Hinzukommendes. Nur wenn alle Wesen Buddha-Natur *sind*, ist kein Unterschied zwischen Wesen und Buddha-Natur, kein Graben, nichts historisch Zufälliges in der Erleuchtung. Nur dann ist die Erleuchtung das *Wesen* der Wirklichkeit, wie sie ist.

Shen-hui lässt keinen Zweifel, dass das Problem logisch nicht auflösbar ist und nur dann auftaucht, wenn man so unterscheidend fragt. In der Praxis der Übung gebe es das Problem nicht. Die Rede von der Plötzlichkeit bzw. die Behauptung, es gebe gar keinen Spiegel, der verschmutzt sei und gereinigt werden müsse, habe Sinn nur für Menschen, die bereits die Erleuchtungserfahrung kennen. Alle anderen bräuchten die Sprache des «graduellen Weges».

Eine gewisse Synthese der gegensätzlichen Positionen hat der Zen-Meister Tsung-mi (780–841) vorgeschlagen, der von «graduellem Weg und plötzlicher Erleuchtung» spricht. Er führt das Beispiel vom Schmelzen des Goldes aus dem Erz weiter aus: Auch wenn das Erz aus der Schlacke ausgeschmolzen sei, so könne doch das Gold nach dieser Schmelze immer noch weiter gereinigt werden. Die Einmaligkeit und Plötzlichkeit ist somit der Eintritt in einen Weg der weiteren Vervollkommnung oder Erleuchtung. Ein anderes Bild, das die Ch'an-(Zen-)Meister gern gebrauchten, ist dies: Wie die Geburt eines Kindes, so ist auch die Erleuchtung etwas Einmaliges, ein für alle Mal und plötzlich geschehen, aber so wie die Erziehung des Kindes brauche auch die Erleuchtung allmähliche Entwicklung und Kultivierung. Die Erleuchtung selbst ist kein Ergebnis von eigener Aktivität, sondern sie ist das spontane Erwachen zu der Wirklichkeit, die jedem menschlichen Bemühen und Erfahren vorausliegt, denn sie ist die Wurzel jeder Aktivität, auch jeder Bemühung und Erfahrung. Auf nichts fixiert zu sein, das Bewusstsein völlig zu entleeren, nicht eine bestimmte Technik zu verfolgen, sondern der völlig geeinten Bewusstheit am Grunde aller Oberflächenbewegungen des Bewusstseins gewahr zu werden, das ist Erwachen bzw. Erleuchtung. Dies ist ein nicht-dualistischer Zustand, über den man nicht sprechen kann, denn Sprache ist an Dualitäten gebunden. Also muss man schweigen.

Diese Debatten sind der christlichen Diskussionen um die Gnade gar nicht so fremd, wie es zunächst scheinen könnte. Das Problem taucht vor allem im Luthertum in der Debatte um die «Antinomer» auf. Dort ging es um die Frage: Wenn alles Gnade ist und die Gnade Gottes den Menschen ein für alle Mal erlöst hat – wozu ist es dann nötig, eine bestimmte Praxis zu befolgen, d. h., die Gesetze einzuhalten, den Glauben zu kultivieren, Frömmigkeit zu pflegen? Die Erfahrung der Gnade, des Gerettetseins, ist ja auch im Christentum ein Ereignis, eine Erleuchtung, die gar nicht so selten als spontanes Durchbruchserlebnis berichtet wird. Die Antworten sind, wenn auch sprachlich und in der Bildhaftigkeit verschieden, den chinesischen Modellen strukturell nicht unähnlich: Gott hat den Menschen ein für alle Mal gerettet, d. h., der Mensch ist im Zustand des Heils. Er muss es nur anzunehmen lernen, und diese neue Wirklichkeit (Paulus spricht von der Neuen Kreatur, die die Gläubigen in Christus sind) verändert das Leben, bald plötzlich, bald allmählich.

59. Wie können negative Gedanken und Gefühle während der Meditation positiv umgelenkt werden? Negative wie positive Gedanken lässt man beim Meditieren kommen und gehen, ohne sich wertend darauf einzulassen, und zwar mit der Grundhaltung, dass man sich nicht mit ihnen identifiziert, sondern sich als derjenige empfindet, der dieses Vorbeiziehen beobachtet.

Allerdings gibt es Situationen, in denen traumatische Erinnerungen, Wut (s. Frage 50) oder verstörende Bilder das Bewusstsein fluten können, verbunden mit körperlichen Reaktionen wie Schweißausbrüchen und Zittern. In solchen Fällen muss ein erfahrener Lehrer bzw. eine Lehrerin, gegebenenfalls ein Psychotherapeut zu Rate gezogen werden. Zunächst können drei Mittel zur Umlenkung helfen, und zwar in dieser Reihenfolge: Als Erstes die Beruhigung des Atems durch bewusstes Atmen unter Betonung der Ausatmung. Anders als sonst in der Zen-Meditation wird der Atem hier bewusst gelenkt, und zwar nach unten, um die Gedanken und Gefühle mit dem langen Atem nach unten zu leiten und in der Erde zu versenken. Genügt dies nicht, werden mit der Einatmung Gegengefühle und -gedanken angeregt, wobei man sich vorstellt, dass die negativen Gedanken oben im Kopf ablaufen, während «es» unten im Bauch atmet. In der Einatmung werden nun positive Bilder vorgestellt und von unten her nach oben «eingeatmet», es kann auch ein Strom von Licht oder leichter Energie oder wellenartiger Fülle sein. Zusätzlich können suggestive Sätze wie «Ich bin ganz gelassen», «Ich bin ganz friedvoll», «Ich bin durchströmt vom Atem Gottes» usw. gedacht und/oder gesagt werden. Wichtig ist die räumliche Differenz, dass die störenden Gedanken oben, wie im ersten Stockwerk, verortet werden, während die kraftvoll lichthafte Energie von unten kommt. Als drittes Mittel empfiehlt sich Bewegung. Man geht zunächst schnell, durchaus wie beim Joggen, aber möglichst in gleichbleibendem Atemrhythmus; auch gleichmäßiges Schwimmen ist hilfreich, möglichst bis zur körperlichen Verausgabung. Dann geht man langsamer und beobachtet die Beruhigung des Atems, des Herzschlags, der Muskelspannung usw. Wenn die negativen Bilder und Emotionen nachlassen, kann man weitere «Gegenmittel» anwenden, wie die Meditation der liebenden Güte, Licht- oder auch Klangmeditationen, die positive Stimmungen erzeugen.

60. Gibt es Meditationstechniken zur Überwindung von Angst?
Angst ist ein Erbe der Evolution, das dem Menschen hilft, Gefahrensituationen zu bewältigen. Ohne ein gewisses Maß von Angst kein Überleben! Angst kann zum Handeln motivieren, das konstruktiv bedrohliche Umstände verhindern hilft. Angst kann sich aber auch verselbständigen und wird dann lähmend. Dies ist ein mentales Problem, das unterschiedliche Ursachen haben kann. Oft ist Angst eine Verschiebung von ungelösten Konflikten. In diesem Sinne ist eine nüchterne Analyse der Lebensumstände und Erinnerungen sinnvoll, um möglichen Ursachen der Angst auf die Spur zu kommen. Angst kann auch die Folge mangelnden Vertrauens sein. Es käme also darauf an, eine Erfahrungsgrundlage für das lebensbejahende «Urvertrauen» zu schaffen.

Hier ist sowohl die Meditation selbst als auch das soziale Umfeld der Meditation eine mögliche Hilfe. Wenn Angstgefühle das Bewusstsein erfassen, kann die Konzentration auf den Atem, die unablässig wirkende Lebenskraft, ein Gegenmittel sein. Ebenso die konsequente «Gegenstrategie» der Konzentration auf vertrauensvoll wirkende Bilder. Oft ist hier ein äußeres Objekt hilfreich, etwas, womit der Meditierende emotional positiv verbunden ist – etwa ein Gegenstand aus der Kindheit, eine Puppe, ein Bild usw. Auch was angenehme Empfindungen hervorruft – eine bestimmte Musik, eine Blume, ein Geruch –, kann sich als wirkungsvoll erweisen. Aber gerade hier ist die Anleitung durch einen erfahrenen Lehrer gefragt, der selbst Gewissheit und Nähe ausstrahlt. Das leitet über zu dem anderen Aspekt, der sozialen Gemeinschaft. Meditation übt man zwar allein auf dem Kissen, aber doch auch in Gemeinschaft mit anderen Übenden. Diese Gemeinschaft kann unterstützend wirken, auch durch Rituale, die das Zusammensein strukturieren und Verlässlichkeit erzeugen. Meditation ist nicht nur Geistestraining im Inneren, sondern auch ritualisierter Tagesablauf, zumindest zeitweise. Ein solcher Ritus bietet Halt, und dieser Halt wirkt der Angst entgegen.

61. Hat sexuelle Enthaltsamkeit Einfluss auf die spirituelle Entwicklung? Es gilt uneingeschränkt, was schon unter Frage 36 erörtert worden ist: Intensive Meditation fordert den Übenden so stark, dass andere sinnliche Eindrücke hinderlich sein können – das betrifft das Sexuelle ebenso wie das Kulinarische oder andere Sinnesreize. Zur Konzentration ist es sinnvoll, bei intensiver spiritueller Übung Enthaltsamkeit zu praktizieren. Selbstverständlich ist das kein zwingendes Gebot, sondern ein Erfahrungswert. Wenn allerdings sexuelle Enthaltsamkeit aufgrund einer zwanghaften Ängstlichkeit oder ähnlicher Motive gepflegt wird, ist sie eher hinderlich. Enthaltsamkeit auf Zeit sollte aus innerer Freiheit geübt werden und nicht etwa aus Furcht vor Energieverlust. Letztlich geht es darum, das Geistige und das Sinnliche zu integrieren. Die (zeitweilige) Einschränkung bei der Wahrnehmung (und dem Genuss) sinnlicher Impulse kann aber selbst das Erleben des Sinnlichen zu neuer Intensität führen. Und genau das kann auch ein Merkmal der spirituellen Entwicklung sein.

62. Gibt es in der tantrischen Tradition Rituale, die auch heute wertvoll sein können? «Tantra» bedeutet, dass alle Erscheinungen der Wirklichkeit zum «Sakrament» werden können. In einer Zeit, in der sich der Mensch von der Natur nicht nur immer mehr entfremdet, sondern die Natur und damit die eigene Lebensgrundlage zerstört, ist eine grundlegend andere Haltung der Mitwelt gegenüber nicht nur ein wertvolles spirituelles Ziel, sondern eine Frage des Überlebens. Tantrische Rituale inszenieren die Erfahrung, dass Farben, Formen, Klänge, Gerüche etc. Ausdruck ein und derselben göttlichen Lebenskraft sind, die auch den Menschen gestaltet und am Leben erhält, dass alles in der Welt göttlichen Ursprungs ist. Was in den Religionen oft Tabu ist, etwa Sexualität, Weingenuss oder tierische Nahrung, wird hier zum Träger göttlicher Energie.

Die tantrischen Rituale zelebrieren die Einheit des Lebens, auch die Einheit von Natur und Geist. Der tantrische Weg wird allerdings zum Problem, wenn die Motivation nicht klar ist. Denn im Tantra werden Bewusstseinsenergien für die Meditation genutzt, die normalerweise mit den leidverursachenden Emotionen verknüpft sind, z. B. Ärger und Wut. Diese «Ärger-Energie» entwickelt der Tantriker bewusst, um die entsprechende kraftvolle Bewusstseinsintensität für die Meditation umzulenken - ein paradoxer Vorgang, der sich nur in der Praxis selbst erklärt. So identifiziert sich ein Tantriker auch mit zornvollen göttlichen Wesenheiten. Aufgrund der Identifikation werden subtilere Bewusstseinsebenen geöffnet, bis alle Bewusstseinskräfte auf den Grund - die Leerheit - gerichtet werden können. In ähnlicher Weise wird auch sexuelle Energie aktiviert. Wer jedoch diese Übungen mit egozentrischer Motivation betreibt, macht sich nicht nur (am Partner oder an der Partnerin) schuldig, sondern sinkt auch auf leidvollere Existenzebenen zurück. Er wird - so heißt es in den Texten - in einer der heißesten Höllen wiedergeboren werden. Aus diesem Grund sind tantrische Übungen mit Initiationen verbunden, die entsprechende Gelübde einschließen und nur einem reifen Menschen anvertraut werden. Um Missbrauch vorzubeugen, werden die Rituale meist nicht mit realen, sondern visualisierten Partnern bzw. Partnerinnen ausgeübt. Grundsätzlich ist die tantrische Lebenshaltung ganzheitlich und von höchster Wertschätzung für alle Aspekte der Mitwelt geprägt. Konkrete Übungen bedürfen allerdings äußerster Vorsicht, besonderer Anleitung und Prüfung.

63. Welche Bedeutung hat die paradoxe und bildhafte Redeweise im Zen?

Der große Fa-yen von Ch'ing-liang ging einst vor dem Mittagsmahl zu den versammelten Mönchen. Fa-yen zeigte mit der Hand auf den Bambusvorhang. Da gingen zwei Mönche hinaus und rollten den Bambusvorhang auf. Fa-yen sprach: «Der eine hat es erfasst, der andere hat es verfehlt.» (Mumonkan, Beispiel 26)

Dies ist eines der klassischen Koans, ein Paradox, das Zen-Schülern aufgegeben wird, damit sie sich kreativ dazu verhalten. Eine logische Lösung des Problems gibt es nicht, und darum geht es auch nicht. Die Situation ist paradox: Beide tun das Gleiche, der eine wird gelobt, der andere getadelt. Der Schüler, der das Koan bearbeitet, muss sich in die Situation «hineinbohren». Er muss erkennen, dass hier sein eigenes Lebensproblem angesprochen wird. Auf der Ebene unserer alltäglichen Erfahrungen ist das Leben paradox: Ich bekomme nicht, was ich tue, und was ich nicht tue, bekomme ich. Und: Was ich will, tue ich nicht, und was ich tue, will ich (oft) nicht. Das Paradox ist die zugespitzte Formulierung der Widersprüche des Lebens und setzt deren Erkennen voraus. Im Paradox stelle ich mich dem Unvorstellbaren. Genau dies ist das Anliegen des Zen. Die paradoxe Redeweise fordert den Zen-Schüler heraus, hinter die Oberfläche der alltäglichen Erscheinungen und ihrer Bewertungen durch den *«common sense»* zu schauen. Der urteilende Mensch ist Teil der Wirklichkeit, die er beurteilt, er steht ihr nicht gegenüber. Diesen Zusammenhang, die Nicht-Dualität aller Erscheinungen zur Erfahrung zu machen, die blitzartig einleuchten kann, ist der Sinn dieser Redeweise im Zen. Dass sie bildhaft ist, ergibt sich aus den vielen, oft humorvollen Anspielungen auf alltägliche Erfahrungen, aber auch aus der chinesischen Sprachwelt, für die eher Bildhaftigkeit und weniger die Abstraktion charakteristisch ist. Die Paradoxien im Zen wollen zeigen: Das, was wir so oft auseinanderreißen, gehört in Wahrheit zusammen. Auch Leben und Tod sind keine Gegensätze, sondern Momente an dem einen Prozess der Bewegung des Körpers, der in der Bewegung des Geistes wahrgenommen wird. Auch wenn wir den Lauf der Sonne oder das Werden und Vergehen der Blüten im Frühling betrachten, so geschieht diese Betrachtung nirgends als im bewegten Geist. Darum kommt es bei jeder Wahrnehmung, jeder Empfindung, jedem Gedanken, jedem Gefühl, jeder Lebenseinstellung auf den Zustand des Bewusstseins an. Diesen so zu üben, dass er die Kostbarkeit des Hier und Jetzt, des unwiederholbaren Augenblicks wahrnimmt, ist die Bedeutung der Übung des Zen. Es ist Einübung in den Rhythmus des Lebens. Dazu noch ein Beispiel:

> Einst wehte die Tempelfahne im Wind. Zwei Mönche stritten miteinander. Der eine sprach: «Die Fahne bewegt sich.» Der andere sprach: «Der Wind

bewegt sich.» So ging es hin und her, ohne dass sie zur Übereinstimmung kamen. Der Patriarch sprach: «Es ist nicht der Wind, der sich bewegt, es ist nicht die Fahne, die sich bewegt, euer Geist bewegt sich.» Die beiden Mönche erschauderten. (Mumonkan, Beispiel 29)

Warum sie erschauderten? Nun, das zu erfahren ist der Sinn der Zen-Übung!

64. Welche Bedeutung hat das Dokusan im Zen? Im Zen-Sesshin, der traditionell strukturierten Übungswoche im Zen, meditiert jeder für sich auf dem Kissen, in Gemeinschaft neben den anderen. Diese Gemeinschaft ist spürbar und sollte unterstützend wirken. Aber es wird eine Woche lang strikt geschwiegen, denn man will sich konzentrieren. Jeder macht seine eigenen Erfahrungen, vieles aus tieferen Schichten kommt hoch, auch psychische Turbulenzen sind die Folge. Dann gibt es Momente der Konzentration, die immer länger werden, Augenblicke vollkommener Seligkeit und des Einsseins, wie man es sonst vielleicht nur aus der Liebe oder der Hingabe an die Musik kennt. Solche Phasen können Minuten anhalten, aber auch Stunden oder Tage. Mit all dem muss man umgehen lernen, man trainiert, ganz Unterschiedliches zu «integrieren».

Dokusan ist das kurze Gespräch mit dem Lehrer, das normalerweise einmal täglich stattfindet. Ohne Dokusan, vielleicht auch den Druck, etwas präsentieren zu sollen, bliebe die Übung flach oder träge. Der Lehrer muss selbst vollkommen konzentriert sein und ohne jede Vermischung mit eigenen Vorstellungen, Erfahrungen und Interessen den Schüler wahrnehmen. Nur so kann er wirkungsvolle Anleitungen geben, die den Schüler weiterbringen. Dokusan setzt auf beiden Seiten volles Vertrauen und absolute Verschwiegenheit nach außen voraus. Der Lehrer unterliegt dem «Beichtgeheimnis» ebenso wie der Seelsorger und der Psychotherapeut. Aber anders als in der Therapie geht es nicht um biographische Aufarbeitung der Vergangenheit, auch nicht um «theologische Deutungen» des Lebens, sondern um das Erlernen der vollkommenen Präsenz im jetzigen Augenblick. Der Lehrer spiegelt und verstärkt die Möglichkeiten, die jetzt, in diesem Augenblick, im Schüler liegen. Er versucht, diese Potentiale zu erwecken, darf aber nie seine eigenen Vorstellungen überstülpen wollen. Häufig werden auch Koans (s. Frage 63) benutzt, um die Übung und die Dokusan-Situation des Schülers zu strukturieren. Dies ist eine Kunst weniger des Fragens und Antwortens, sondern des Präsentierens der jeweiligen geistigen Verfassung. Der Lehrer wird im Dokusan ermutigen, aber auch Illusionen ausräumen. Es geht um das Ganze des Lebens, nicht nur um «Sinn» oder «Bedeutung».

65. Ist regelmäßiges Meditieren für den spirituellen Entwicklungsprozess notwendig, oder genügt eine achtsame Lebensführung? Achtsame Lebensführung *ist* regelmäßiges Meditieren. Die formelle Meditation auf dem Kissen ist eine Hilfe, aber nicht unbedingt notwendig. Doch jahrhundertelange Erfahrungen aus ganz unterschiedlichen Kulturen zeigen, dass Meditieren, die ruhige Körperhaltung, der ausgeglichene Atem den Geist konzentrieren und zu einer Tiefenerfahrung anregen, die vielleicht auch spontan auftreten kann, unter systematischer Schulung aber stabiler und nachhaltiger wirkt. Meditieren ist Geistespflege, so wie das tägliche Zähneputzen Körperpflege ist. Je regelmäßiger man die Übung vollzieht, umso nachhaltiger wirkt sie. Und umso leichter wird es, in einen Versenkungszustand zu gelangen.

66. Werden in der Meditation Hirnareale aktiv, die eine veränderte Raum-Zeit-Wahrnehmung ermöglichen? Aus inzwischen mehr als eintausend Studien und Metastudien mit Meditierenden (Sedlmeier 2016: 90, 103) wissen wir: Sowohl im Elektroenzephalogramm (EEG) als auch unter bildgebenden Verfahren der Magnetresonanztomographie (MRT) bzw. der funktionellen Magnetresonanztomographie (fMRT), die den Energieverbrauch und damit die erhöhte Aktivität und Vernetzung in bestimmten Hirnarealen sichtbar machen, sind veränderte Bewusstseinszustände, wie sie durch Meditation induziert werden, erkennbar, weil die entsprechenden Veränderungen der messbaren Hirnaktivität korrelieren. Buddhistische Meditation führt im Vergleich mit anderen Meditationsformen zu erhöhter Aufmerksamkeit und größerer Stressreduktion, auch Angstpotentiale werden abgebaut. Insbesondere die Kombination von strikter Sitzmeditation mit Yoga-Praxis zeigt deutlich verbesserte Resultate. Die explizite Liebende-Güte-Meditation, wie sie ebenfalls im Buddhismus praktiziert wird, erhöht hingegen das Vermögen zur

Empathie, was bei Techniken, die nur zu Entspannung führen, nicht der Fall ist. Ob und wie Meditation auch krankhafte Zustände (des Körpers und der Psyche) lindern oder heilen kann, ist weitgehend noch unklar, denn die Meditationsforschung steht trotz der genannten Studien gerade auch in ihrer Methodik noch am Anfang. Unbestreitbar ist, dass im EEG während der Meditation bei völliger Wachheit Theta-Wellen auftreten, so wie sie das Gehirn gewöhnlich kurz vor dem Einschlafen produziert. Das deutet auf einen vollkommenen Entspannungszustand bei gleichzeitig überklarer Wachheit hin. Es zeigen sich erhöhte Amplituden im Alpha- und Theta-Bereich, auch ist mit hoher Wahrscheinlichkeit die Gamma-Aktivität erhöht, was eine «kognitive Integration», also Verbindung von Verschiedenem, signalisiert und auch die Zeitwahrnehmung betrifft (Ott 2010). In meditativen Zuständen ist auch die Synchronisierung von Wellenmustern über weite Hirnareale wesentlich erhöht. Sicher ist, dass Meditation langfristig die Gehirnaktivität verändert, was mit entsprechenden konzentrierten und achtsam-wachen Bewusstseinszuständen einhergeht.

Die Frage nach der Raum- und Zeitwahrnehmung lässt sich (noch) nicht mit objektivierbaren Parametern beantworten. Die veränderte und großflächig beobachtbare Synchronisierung könnte zwar mit einer veränderten Zeitwahrnehmung korreliert sein, aber hier ist vieles noch ungeklärt und offen für unterschiedliche Interpretationen. Allerdings haben Befragungen von Meditierenden und Analysen von Texten (z. B. Berichten von Mystikern) ergeben, dass Zeit mit dem Körperempfinden korreliert ist und die Zeit in meditativen Zuständen langsamer verläuft (Wittmann 2015: 70 f., 94). Weil Meditation die Physiologie des Gehirns verändert (z. B. Vergrößerung des Areals, das Insula genannt wird), kann davon ausgegangen werden, dass sich auch Zeit- und Raumerfahrungen verändern. Beim Zeitempfinden ist dann die Dehnung und gleichzeitige Fülle jedes Ereignisses so intensiv, dass Anfang und Ende (einer Sequenz) zusammenfallen können. Zeit wird verdichtet zu einem in sich dynamisierten Jetzt.

In der Meditation werden also keine neuen Hirnareale aktiviert, sondern Aktivitätsmuster verändert, indem sie neue Kombinationen eingehen. Die Gehirnaktivitäten werden über weite und sonst weniger verbundene Areale hinweg synchronisiert, d. h., sie schwingen gemeinsam.

Sozialstruktur und Lebensalltag

67. Wie wird man Buddhist? Buddhist ist, wer die dreifache Zufluchtsformel spricht: «Ich nehme Zuflucht beim Buddha, beim Dharma, beim Samgha», und dies wird auch heute noch in der Sanskrit-Sprache (bzw. in Pali) vollzogen (s. Frage 22). Damit wird die Kontinuität der buddhistischen Gemeinschaft, bis hin zum Buddha, unterstrichen. Diese Zufluchtsformel kann jeder sprechen, ganz unabhängig von sozialer, ethnischer, religiöser oder sonstiger Herkunft. Im frühen Buddhismus mussten fünf Mönche zugegen sein, um eine gültige Ordination vollziehen zu können. Im späteren Buddhismus, z. B. in einigen Theravada-Ländern (Sri Lanka, Myanmar, Thailand, aber auch China oder Tibet), kam es zur Entwicklung eines «Staatsbuddhismus». Hier wurde die Ordination von Staatsbeamten kontrolliert, genehmigt oder verweigert. Da buddhistische Mönche keine Steuern zahlten und vom Militärdienst suspendiert waren und weil viele Klöster sich zu mächtigen wirtschaftlichen und politischen Zentren entwickelt hatten, waren staatliche Interessen unmittelbar betroffen.

Bei Laien erfolgt die Erziehung der Kinder im Geist der Verehrung des Buddha, des Einhaltens der Grundgebote und einiger Praktiken der Meditation. In der westlichen Welt hat sich wiederum ein anderes Modell entwickelt: Interessierte informieren sich über den Buddhismus, besuchen Meditationskurse und entwickeln Rituale der Andacht. Oder sie schließen sich einem Samgha an und sprechen die dreifache Formel. Sie betrachten sich selbst als Buddhisten. Ob sie von anderen als solche anerkannt werden, hängt von den Umständen ab und ist nirgends festgelegt. Es gibt keine Instanz, die das entscheiden könnte. Der Dalai Lama hat sich diesbezüglich so geäußert:

> Buddhisten können von Nicht-Buddhisten aufgrund ihrer philosophischen Grundhaltung und durch ihre Praxis unterschieden werden. Was die philosophische Grundhaltung betrifft, so kann der als Buddhist betrachtet werden, der die Vier Siegel der Lehre des Buddha akzeptiert, dass nämlich: 1. alles verunreinigte Denken leidvoll ist, 2. alle zusammengesetzten Erscheinungen vergänglich sind, 3. alle Erscheinungen ohne inhären-

tes Selbst sind und 4. *nirvana* Friede ist. Wer dies nicht anerkennt, kann nicht als Buddhist bezeichnet werden.
Was die Praxis betrifft, so gilt die allgemeine Anschauung, dass jeder ein Buddhist ist, der die Drei Juwelen als seine letztgültige Zuflucht betrachtet. Wer dies nicht tut, ist ein Nicht-Buddhist. Diese drei Juwelen sind Buddha, Dharma und Samgha. (M. v. B. 1989: 11)

68. Welche Pflichten gibt es für den Lebensalltag? Als erste Pflicht gilt die Beachtung der fünf Gebote (*pancashila*) für alle Buddhisten: Mönche, Nonnen, männliche und weibliche Laien weltweit. Sie dienen der Bewusstseinsschulung, die zwei Komponenten hat: die Kultivierung von Mitgefühl bzw. barmherziger Hinwendung zu allen Wesen (*karuna*) und die Entwicklung von Weisheit (*prajna*) bzw. Einsicht, die wechselseitige Abhängigkeit aller Erscheinungen zu erkennen und existentiell im Denken, Fühlen und Handeln zu realisieren.

Die fünf Gebote sind: 1) Gewaltlosigkeit (*ahimsa*) in Gedanken, Worten und Taten, d. h. das Nichtverletzen von Lebewesen bzw. die Zufügung des nur geringsten Schadens, wenn dies (etwa zur Nahrungsaufnahme) unvermeidbar ist. 2) Nicht stehlen (*asteya*) bedeutet, nichts zu nehmen, was nicht gegeben wird. Dies ist nur möglich, wenn man Begierde überwindet und stattdessen *dana*, das Geben z. B. von Speisen, Geld, Aufmerksamkeit oder auch Zeit für andere, übt. Diese Pflicht ist wesentlich für Laien, die an Mönche spenden, aber auch darüber hinaus Wohltätigkeit praktizieren. 3) Keine unheilsamen sexuellen Beziehungen eingehen (*brahmacarya*). Dies ist oft als Enthaltsamkeit interpretiert worden, was für Mönche und Nonnen selbstverständlich ist. Es bedeutet aber auch, Beziehungen in wechselseitigem Respekt zu gestalten, denn Gegenseitigkeit und das wechselseitige Aufeinander-bezogen-Sein ist ein Grundaspekt des Buddhismus. 4) Wahrhaftigkeit (*satya*) meint, dass nicht nur die Lüge, sondern auch harsche Rede und Bemerkungen zu vermeiden sind, die andere degradieren, beschämen oder verletzen. 5) Abstinenz von Rauschmitteln (*surameraya*) ist geboten, weil diese die Achtsamkeit und Ausgeglichenheit des Bewusstseins verhindern. Positiv soll der Geist in Klarheit und Präsenz geübt werden, auch für Laien eine der höchsten Pflichten.

Auch für Laien gibt es Übungen der Bewusstseinsschulung, etwa

Meditation, die meist verbunden wird mit einer rituellen Verehrung von Bildnissen und Statuen des Buddha oder der Bodhisattvas, normalerweise in einer Kultecke des Hauses. Die konkrete Praxis ist je nach Tradition (und Land) verschieden und trägt, wie überall auf der Welt, die typischen Züge von «Volksfrömmigkeit»: Besuche an Stupas zu Festtagen, Pilgerreisen zu berühmten buddhistischen Zentren, zu den Heiligen Bergen des Ch'an in China, in Japan zu den Klöstern des Zen in Kyoto und Kamakura oder zum Koya-Berg der Shingon-Schule bzw. dem Hiei-Berg des Tendai, in Tibet zum Berg Kailash bzw. im indischen Exil zur Residenz des Dalai Lama.

Allgemein können wir sagen, dass die «frommen Pflichten» alle Drei Juwelen umfassen: *Buddha*, der z. B. am Stupa verehrt wird, *Dharma*, der unter Anleitung von Mönchen memoriert und studiert wird, *Samgha*, dem eifrig gespendet wird. Der Buddhismus des Volkes kennt in gewisser Spannung zu den normativen Schriften des Pali-Kanons einen Glauben an höhere Wesen, Götter, Geister, dämonische Kräfte, die durch Opfer wie Wasserspenden, Duftspenden, Blumenspenden usw. gnädig gestimmt werden sollen. Prozessionen, Pilgerschaften oder Hausriten dienen diesem Zweck, können aber auch von philosophisch geprägten Buddhisten als Hilfsmittel interpretiert werden, den eigenen Geist in einen höheren Zustand zu versetzen. Der Vollzug der Rituale bleibt derselbe, er ist fromme Pflicht.

69. Wie werden Kinder erzogen? Schon früh werden die Kinder mit der Lebensgeschichte des Buddha vertraut gemacht, die von Ashvaghosa im 1./2. Jahrhundert n. Chr. in einem großen kunstvollen Gedicht (*Buddhacarita*) aus früheren Einzelüberlieferungen zusammengestellt wurde. Auch die Geschichten aus den früheren Leben des Buddha (*Jataka*) und die Loblieder der Mönche und Nonnen für den Buddha und buddhistische Heilige (*Theragata* und *Therigata*) werden rezitiert und auswendig gelernt. Schon Kleinkinder sind bei vielen Ritualen dabei, eine Trennung von Kinder- und Erwachsenenwelt gibt es diesbezüglich nicht. Von Kindern wird erwartet, dass sie sich in die gemeinschaftlichen Lebensformen einfügen. In den staatlichen Schulen der Theravada-buddhistischen Länder hängt die Instruktion durchaus von den jeweiligen politischen Verhältnissen ab. Dies zeigt etwa ein Schulbuchvergleich in Sri Lanka, wo die Auswahl der im Unterricht behandelten Geschichten, die Vorbilder generieren sollen, von den jeweiligen Interessen der politischen Gegenwart abhängt (Fischer 2011).

In den Ländern des sinisierten Buddhismus ist die Erziehung konfuzianisch geprägt, insbesondere in Korea und Japan. Dort gilt nicht nur die Verehrung der Eltern und Lehrer, sondern auch unbedingter Gehorsam ihnen gegenüber als Wert, der auch im Schulsystem durchgesetzt wird. Während die frühe Kindheit unbeschwert ist, setzt spätestens ab dem 4. Lebensjahr der Druck ein, Höchstleistungen zu erzielen und durch angepasstes Sozialverhalten nicht aus den Rollenmustern zu fallen. Buddhistische Laien-Organisationen, die den Buddhismus bewusst in moderne Lebensverhältnisse übertragen wollen, begegnen dem Problem durch eigene Jugendorganisationen, in denen Achtsamkeit, Selbstdistanz und altruistische Werte gepflegt werden, freilich auch hier nicht ohne die Einübung in die hierarchischen Muster der Erwachsenenwelt. Es ist aber zu beobachten, dass in all den genannten Ländern, auch in China, viele Jugendliche eine spirituelle Praxis aufnehmen (Tai Chi, Qi Gong, unterschiedliche Meditationsformen) und sich dabei einem Meister oder einer Meisterin unterordnen. In diesem Zusammenhang beweist die Praxis von *dana* (Geben) eine Erziehung, die an die alten buddhistischen Ideale anknüpft – das Spendenaufkommen ist auch unter Jugendlichen beträchtlich.

70. Schätzt man im Buddhismus den Humor? In der kanonischen Mönchsliteratur spielt der Humor kaum eine Rolle. Anders ist dies in den Geschichten aus den früheren Leben des Buddha (*Jataka*), in denen durchaus auch humorvolle Passagen vorkommen. Der Mahayana-Buddhismus hat mit dem Vimalakirtinirdesha-Sutra einen humorvollen Text hervorgebracht, der sich besonders in Ostasien seit der großartigen Übersetzung durch Kumarajiva ins Chinesische (406 n. Chr.) größter Beliebtheit erfreut. Im 6. Kapitel wird die Frage erörtert, ob und wie angesichts der Leerheit Liebe überhaupt möglich sei, und festgestellt, dass es gerade nur aufgrund der Leerheit wirkliche Liebe gebe, die frei von egoistischem Begehren ist. Eine Göttin lehrt den etwas eingebildeten Theravada-Mönch Shariputra mit größtem Humor, dass es in der Wirklichkeit des Dharma keinen Unterschied von Mann und Frau geben könne und die behauptete Überlegenheit der Männer gegenüber den Frauen lächerlich sei.

Letztendlich verwandelt sie ihn in ihre eigene und sich selbst in eine männliche Gestalt und fragt spöttisch: «Nun, magst du nicht deine weibliche Gestalt ablegen?» Diese humorvolle Episode zeigt, dass Menschen in ihrem Wesen, in ihrer Buddha-Natur, unabhängig vom Geschlecht gleich sind.

In der tibetischen Tradition spielt Humor eine große Rolle, und zwar nicht nur in Erzählungen über die «Heiligen» (wie z. B. Milarepa), sondern auch in der täglichen klösterlichen Praxis, etwa bei den philosophischen Debatten der Mönche und Novizen sowie Nonnen und Novizinnen: Der befragte Kandidat sitzt am Boden, und der stehende Herausforderer sucht den anderen mit Fragen der Logik, der Erkenntnistheorie, der religiösen Praxis usw. in die Enge zu treiben, bis keine Antwort mehr möglich ist, was gewöhnlich mit ausgelassener Heiterkeit verbunden ist. Der Fragende ist dabei in unablässiger körperlicher Bewegung, Körper und Geist sollen sich vollständig verausgaben. Es ist wie ein sportlicher Wettkampf, bei dem nach geraumer Zeit die Positionen getauscht werden.

Ch'an (Zen) ist geradezu eine Einübung in den Humor der Selbst-Distanzierung. Die Koan-Traditionen und Erzählungen über Meister und Meisterinnen sind als Literaturgattung ohne das fundamentale Element des Humors nicht denkbar. Humor ist hier nicht Beiwerk, sondern gerade das, was die Erkenntnis und spirituelle Reifung ermöglicht bzw. vollendet, indem er Situationen und Sprachspiele verfremdet. Behauptungen werden originell infrage gestellt, und Humor ist die Relativierung des als sicher Geglaubten. Humor eröffnet einen neuen und unverstellten Blick auf die Dinge.

Dazu einige Beispiele: Pu-tai (jap.: Hotei), der «lachende Buddha» mit dickem Bauch, ist Gegenstand zahlreicher Erzählungen und Tuschmalereien. Er soll im 10. Jahrhundert gelebt haben. Mit einem Hanfsack auf dem Rücken zog er durch das Land, lachend und in seinem Verhalten in jeder Hinsicht skurril. Die beiden Mönche Hanshan (jap.: Kanzan) und Shide (jap.: Jiottoku) repräsentieren zwei legendäre chinesische Zen-Buddhisten der Tang-Dynastie, der eine ein gelehrter Dichter, der andere ein Küchenmönch, die vergnügt durch die Welt ziehen, bettelarm und witzig, glücklich und tiefernst. Sie zeigen humorvoll auf die Eitelkeiten der Menschen und öffnen das Auge für das, was hinter allem liegt. Viele Zen-Meister werden in geradezu grotesken Karikaturen dargestellt: Bodhidharma mit seinen üppigen Augenbrauen oder fehlenden Augenlidern (die er sich entfernt haben soll, um die Wachheit zu fördern), andere Meister auch mit großer Nase oder riesigen Ohren, die eine geradezu unheimliche Präsenz suggerieren.

Auch viele Koans bedienen sich des Humors, eben wegen der Möglichkeit, sich dabei von sich selbst zu distanzieren:

> Ein Mönch fragte Dung-schan: «Was ist es mit Buddha?» Dung-schan erwiderte: «Drei Pfund Hanf.» (Hekiganroku 12)
> Ein Mönch fragte Djing-tjing: «Bei Eurem Schüler feilt es. Ich bitte, Meister, picket auf!» Djing-tjing sagte: «Hat es denn auch Leben, oder nicht?» Der Mönch erwiderte: «Wenn's nicht zum Leben käme, würden wir ja von den Leuten ausgelacht.» Djing-tjing sagte: «Du bist auch so ein Grashocker!» (Hekiganroku 16)

In China, Korea und Japan werden unzählige Zen-Anekdoten erzählt:

> *Eine Tasse Tee (1)*
> Nan-in, ein japanischer Meister der Meiji-Zeit (1868–1912), empfing den Besuch eines Universitätsprofessors, der etwas über Zen erfahren wollte. Nan-in servierte Tee. Er goss die Tasse seines Besuchers voll und hörte nicht auf weiterzugießen. Der Professor beobachtete das Überlaufen, bis er nicht mehr an sich halten konnte. «Es ist übervoll. Mehr geht nicht hinein!»
> «So wie diese Tasse», sagte Nan-in, «sind auch Sie voll mit Ihren eigenen Meinungen und Spekulationen. Wie kann ich Ihnen Zen zeigen, bevor Sie Ihre Tasse geleert haben?»

> *Das wertvollste Ding der Welt (70)*
> Sozan, ein chinesischer Zen-Meister, wurde von einem Schüler gefragt: «Was ist das wertvollste Ding der Welt?» Der Meister antwortete: «Der Kopf einer toten Katze.» Warum ist der Kopf einer toten Katze das wertvollste Ding der Welt?», wollte der Schüler wissen. Sozan antwortete: «Weil niemand seinen Preis nennen kann.» (Reps 1976)

71. Warum pilgern Buddhisten zu Tempeln, wo sie doch die Leere anstreben? Der Buddhismus ist Philosophie (Erkenntnistheorie), Religion und Praxis der Bewusstseinsschulung, doch gibt es, wie in vielen Religionen, erhebliche Unterschiede zwischen der Volksreligion und der philosophisch-theologisch reflektierten Religion der Eliten.

«Leerheit» (*shunyata*) ist ein philosophisches Konzept, das die wechselseitige Verbundenheit aller Erscheinungen ausdrückt. Hier geht es einerseits um Logik, um hochabstraktes Erkennen, andererseits haben viele buddhistische Meditationsschulen den Anspruch, dass Leerheit direkt erfahren werden kann, ein Zustand jenseits des üblichen Raum- und Zeitempfindens. Dieser kann nur in bildhafter Sprache umschrieben werden, etwa als das allumfassende Offene jenseits mentaler Vorstellungen oder symbolisch in den Tuschzeichnungen und Kalligraphien Chinas, Koreas und Japans. All dies sind immer wieder neue Versuche, das Unsagbare zu sagen.

Menschen brauchen Bilder und Gegenstände, um sie verehren zu können. Das, was verehrt wird, ist ein Ziel, auf das man zugehen will, und das im wörtlichen Sinne. Dieses ur-menschliche Verlangen drückt sich in Pilgerschaften aus. In den Stupas, Tempeln und Zentren des Buddhismus werden meist Reliquien aufbewahrt, Reliquien des Buddha (wie der berühmte heilige Zahn in Kandy, Sri Lanka oder das Haar in der Shwedagon-Pagode in Yangon, Myanmar) oder Reliquien berühmter buddhistischer Meister, deren Reinkarnationen in Tibet nicht selten im selben Kloster residieren wie «ihre» Reliquien aus früheren Inkarnationen. Auch heilige Schriften können als Reliquien dienen. Markante Berge oder der Baum, unter dem der Buddha zum Erwachen gelangt sein soll, der Ort Sarnath, wo er die erste Predigt hielt, oder die Bergkuppe, von der aus er das Lotos-Sutra gepredigt haben soll, selbstverständlich auch der mutmaßliche Ort der Geburt im Grenzgebiet zwischen Indien und Nepal sowie der Ort des Sterbens – all dies sind Pilgerziele. Ebenso Höhlen, in denen Heilige meditiert haben sollen – die Höhlen Padmasambhavas in Ladakh und Zanskar oder die Milarepa-Höhle in Tibet am Berg Kailash –, oder Berge, auf denen Ursprungsklöster gegründet wurden, die buddhistischen Schultraditionen den Namen gegeben haben – Wu Tai Shan oder Tien-t'ai in China, Hiei San oder Koya San in Japan. Nicht selten sind an solchen Orten der Legende nach Bodhisattvas erschienen und von Auserwählten gesehen worden. Pilgerreisen sind fromme Werke, die das Karma verbessern sollen und Gelegenheit bieten, das Bewusstsein auf den Buddha und seine Lehre auszurichten, und sie sind auch kurzweilige gesellschaftliche Ereignisse. Pilgerschaften und Besuche in den Tempeln (vorzugsweise bei Vollmond) sind in Theravada- und Mahayana-Ländern zentraler Ausdruck der Religionspraxis.

72. Sind Buddhisten Vegetarier? Nicht unbedingt. Die Argumente für oder gegen eine vegetarische Lebensweise, wie sie in den Sutras des frühen Buddhismus wie auch in den Mahayana-Texten Indiens, Chinas, Tibets und Japans nachzulesen sind, reichen von religiös, im Karma begründeten Argumenten bis hin zu pragmatisch-hygienischen und sozialen Gesichtspunkten.

Den Theravada-Buddhisten ist der Fleischgenuss mit einigen Einschränkungen erlaubt. Auch Mönche dürfen «reines» Fleisch essen, verboten ist das Fleisch von Menschen, Elefanten, Bären, großen Wildkatzen, Schlangen und Hunden. Ansonsten hat der Mönch zu nehmen, was ihm die Laien in seine Bettelschale legen. Jedes «Wählen» nach bestimmten Vorlieben oder Abneigungen ist verpönt. Da in der buddhistischen Ethik das Ideal der Gewaltlosigkeit tief verankert ist, darf ein Mönch Fleisch nur dann essen, wenn das Tier nicht extra für diesen Zweck getötet worden ist. Da die Mönche meist die Essensreste von Mahlzeiten der Familien erhalten, ist der Verzehr von Fleisch (oder Fisch) kein Problem. Sollte der Mönch aber Kenntnis haben, dass das Tier extra für ihn getötet wurde, darf/muss er den Verzehr ablehnen bzw. das Fleisch aus der Almosenschale entfernen und diese gründlich reinigen. Im Prinzip gilt dies auch für Laien. In den Theravada-Ländern wird jeder Verzehr von Fisch und Fleisch am Vollmondtag gemieden.

In der frühen Geschichte des Buddhismus gibt es interessanterweise sogar ein Verbot des Vegetarismus, wohl um Tendenzen im Mönchsorden entgegenzuwirken, eine vegetarische Lebensweise durchzusetzen. Vermutlich spielten hier zwei Argumente eine Rolle: Erstens sollte «spiritueller Hochmut» ausgeschlossen werden, weil die vegetarische Lebensweise als asketische Praxis ein gewisses Überlegenheitsgefühl gegenüber den Nichtvegetariern ausdrücken oder bewirken könnte, zweitens wollte man sich von vorbuddhistischen Asketengruppen abgrenzen, die in brahmanischer Tradition standen und vegetarisch lebten.

Im Mahayana-Buddhismus sind Mönche fast immer und Laien recht häufig Vegetarier. Sowohl im Kontext der Bodhisattva-Gelübde als auch in zentralen Texten des Mahayana finden sich detaillierte Erörterungen über die Vorzüge des Vegetarismus. Die Begründung ist zweifach: Da alle Lebewesen die Buddha-Natur haben/sind, sind auch Tiere potentiell Buddhas. Zum anderen sind im Kreislauf der Wiedergeburten in unermesslich langen Lebenszyklen alle Lebewesen einmal einander Vater und Mutter (gewesen), was den Genuss von Fleisch unmöglich macht. Im chinesischen (Mahayana-)Buddhismus, der auch Korea, Japan und Vietnam beeinflusst hat, kommt noch hinzu, dass vorbuddhistische daoistische Praktiken mit der vegetarischen Ernährungsweise verknüpft waren, da sie als heilsam, gesund, lebensverlängernd und bewusstseinsklärend galt. Fleischgenuss heizt nach diesen Vorstellungen die Emotionen (Lust und sexuelles Begehren ebenso wie Wut und Ärger) an, die Lebensenergien verbrauchen, welche besser zu einer Verlängerung und Intensivierung des Lebens genutzt werden sollten. Auch hat es in China staatliche Regulierungen des buddhistischen Ordens gegeben, die ausdrücklich das Gebot des Vegetarismus beinhalten, wohl auch um das mönchische Leben unter generelle Aufsicht stellen zu können.

Im vom Mahayana geprägten Tibet hingegen konnte sich die vegetarische Lebensweise nicht etablieren, und zwar aufgrund der klimatischen Bedingungen, die nur Viehwirtschaft und kaum Ackerbau zulassen. Hier wird der Fleischverzehr mit der Rezitation von Mantras oder rituellen Gebeten begleitet, deren karmische Wirkung den getöteten Tieren zugutekommen soll. In der Mönchsgemeinschaft der Exil-Tibeter (in Indien) ist ein Trend zu vegetarischer Ernährungsweise unverkennbar.

Eine Ausnahme stellt der japanische Buddhismus seit dem 19. Jahrhundert dar. Im Zuge der Reformen in der Meiji-Zeit wurde 1872 vom Staat die Verpflichtung zum Vegetarismus für buddhistische Mönche aufgehoben, im Übrigen auch der Zölibat, der für die Mönche bis dahin gegolten hatte. Nicht selten wurde auch Druck auf buddhistische Würdenträger ausgeübt, bis hin zum Zwang zu Fleischkonsum und Eheschließung. Der Grund war nicht etwa eine allgemeine Liberalisierung im Kontext der Säkularisierung moderner Gesellschaften, sondern eine gezielte Schwächung der Identität des Buddhismus im Zuge der nationalistisch-shintoistischen Reorganisierung Japans. Die vegetarische bzw. nichtvegetarische Lebensform wurde hier zum Aspekt politischer Ideologie.

73. Gibt es «heilige» Speisen? Nein, der Buddhismus kennt keinen Begriff von Heiligkeit, der mit Speisen verbunden wäre. Allenfalls wird im Volksglauben Opfergaben, die durch die Hände eines «Erleuchteten», eines hohen Lama oder eines Religionsführers gegangen sind, eine «Aura» oder eine heilsame Auswirkung auf die psychische und körperliche Gesundheit zugeschrieben. Das können Früchte, Süßspeisen oder Getränke wie Wasser und Tee sein. Sie gelten als «aufgeladen» mit der Kraft des geistig vervollkommneten Menschen.

74. Wer entscheidet im Kloster bei Streitigkeiten? Der frühe Verhaltenskodex für den Samgha, der Vinaya-Teil des Pali-Kanons (s. Frage 17), beinhaltet die Regeln für das Verhalten von einzelnen Mitgliedern der Mönchs- bzw. Nonnengemeinschaft und die Regeln für den Orden als Institution. Letztere werden als *kammavaca* (skt.: *karmavacanas*) bezeichnet, und hier finden sich normative Angaben zu den Verfahren, die beachtet werden müssen, um das Ordensrecht festzulegen und zu verändern, um also Konsens bei Streitigkeiten im Zusammenleben zu erzielen. Es hat jedoch bereits im frühen Buddhismus Schulen mit abweichenden Rechtsformen gegeben, deren Regelwerke nur in chinesischen und tibetischen Übersetzungen überliefert sind. Nur drei dieser Traditionen spielen heute noch eine Rolle: das Regelwerk der Theravadins, das für den Theravada-Buddhismus gilt, wie er in Sri Lanka und Südostasien etabliert ist, das Regelwerk der Mulasarvastivadins, das in Tibet gilt, und das Regelwerk der Dharmaguptaka-Schule, das im Buddhismus Ostasiens (außer Japan) maßgebend war und ist. Diese Regeln sind immer wieder kommentiert worden, so dass komplexe Rechtsnormen und Begründungsgeflechte von Normen entstanden sind, die durchaus lokal unterschiedliche Interpretationen hervorgebracht haben und die Frage nach der Autorität bei Entscheidungsfindungen in Streitfragen oft sehr schwierig machen. Es ist auch zu beachten, dass der Geltungsbereich von Regeln, also die normative Rechtsprechung eines «Hauptklosters» gegenüber lokalen Subeinheiten, oft strittig war, d. h., der geographische Rahmen von Normen und Rechtsfindungspraxen ist flexibel.

Dem Kloster steht ein gewählter Abt vor. Auch andere Ämter werden durch Wahl und/oder durch Einsetzung des Abtes vergeben.

Alltägliche kleinere Probleme werden von den Inhabern der jeweiligen Ämter entschieden, während bei wichtigen Fragen die Mehrheit einer Mönchsversammlung des betreffenden Klosters entscheidet. Dies geschieht auf Grundlage der Satzungen, die nach dem Regelwerk der betreffenden Schule, zu der sich dieses Kloster verpflichtet weiß, gültig sind. Vieles aber ist eine Sache der Interpretation, die dann möglichst im Konsens der Versammlung durch oft langwierige Debatten gefunden wird. Im Zweifelsfall entscheidet die Mehrheit. Wer aber gehört zu den stimmberechtigten Mitgliedern? Die ordinierten Mönche, die anwesend sind. Was aber, wenn sich Mönche der Versammlung durch Abwesenheit entziehen? Ähnlich wie in modernen Parlamenten ist das Problem der Abwesenheit von stimmberechtigten Mitgliedern, die wegen Krankheit entschuldigt sind, zu regeln. Für zahlreiche solche Fälle gibt es Regeln, die natürlich nicht alle möglichen Situationen abdecken können, vor allem aber unter den Bedingungen moderner Gesellschaften nicht immer anwendbar sind. Viele Mönche leben ja nicht im zentralen Kloster, sondern einzeln oder in kleinen Gruppen in Dörfern, um dort rituelle Pflichten zu erfüllen und die Menschen in der Lehre zu unterrichten, wofür sie mit Speisen und dem sonstigen notwendigen Lebensunterhalt versorgt werden. Das ist auch heute in Sri Lanka und Südostasien der Fall.

Das traditionelle Ordensrecht des Theravada-Buddhismus wurde in Bezug auf unsere Fragestellung den Bedürfnissen moderner Staaten angepasst. In Thailand z. B. vereinheitlichte ein von der königlichen Familie ausgehendes Gesetz im Jahre 1902 das Recht des gesamten Samgha in Thailand, d. h., die traditionelle Autonomie der einzelnen Klöster oder Kloster-Gruppierungen (Klöster und Unterklöster) wurde unter einer zentralen Administration eingeschränkt. Man konnte damit eine nationale Behörde für Religionsangelegenheiten schaffen, die ein einheitliches Erziehungs- und Ordinationssystem für Mönche garantiert, was wiederum staatliche Kontrolle, aber auch staatliche Förderung erleichtert. Die Äbte der Klöster werden seitdem nicht mehr gewählt, sondern vom König/von der Regierung eingesetzt. Dieses System wurde mit Änderungen auch in Laos und Kambodscha eingeführt. Es hat zu einem nationalen und gelegentlich auch nationalistischen Samgha geführt, der – in Laos und Kambodscha – auch eine nicht unerhebliche Rolle beim Kampf um nationale Befreiung von der Kolonialherrschaft spielte. Bis heute haben in diesen Ländern die staatlichen Einflüsse auf den Samgha eher zu- als abgenommen.

Die Situation in Sri Lanka ist komplex und durch die politischen Entwicklungen seit der Unabhängigkeit mitgeprägt. Bereits in der 2. Hälfte des 19. Jahrhunderts wurden Teile des Samgha politisch aktiv, um den Kampf für die nationale Unabhängigkeit von Großbritannien zu unterstützen. Aber auch die von Anagarika Dharmapala geführte pan-buddhistische Laienbewegung (Mahabodhi) trug dazu bei, klassische Autoritätsmuster zu verändern. Der politisierte Samgha spielte nach der Unabhängigkeit eine erhebliche Rolle bei der Herausbildung einer national-kulturell-buddhistischen Identität für das Land, was die Frage nach der Stellung der Nichtbuddhisten (besonders der Tamilen) im neuen Staat Sri Lanka aufwarf. Die Spannungen entluden sich in einem langen Kampf zwischen verfeindeten Gruppen, in dem Teile des Samgha singhalesisch-nationalistische Positionen bezogen, andere wiederum Buddhismus, nationale Identität und politische Machtkämpfe auseinanderzuhalten bestrebt waren. Dies führte auch dazu, dass innerhalb der Klöster, Klosterorganisationen und Gruppen von Dorfmönchen, die den jeweiligen Klosterorganisationen zugehörig waren, eine Zentralisierung von Entscheidungsstrukturen stattfand, welche die Normen des ursprünglichen Ordensrechts aufweichte und neu interpretierte.

In Zentral- und Ostasien ist die Situation wieder anders. In China etwa haben staatliche Autoritäten schon früh massiv in die Fragen der Ordensdisziplin sowie in die Vermögensverhältnisse der Klöster und die Einsetzung von Äbten und Oberhäuptern religiöser Institutionen eingegriffen. Nicht nur die Förderung des Buddhismus durch staatliche Behörden, sondern auch die Verfolgungen etwa im 9. Jahrhundert wirkten sich auf die Entscheidungsstrukturen und die Lebenswirklichkeit der Buddhisten aus: Mönche wurden z. B. unter Zwang laisiert, und das später auch in Korea und Japan. Besonders folgenreich war die Zwangslaisierung von Mönchen und Äbten der Klöster durch den Staat in der zweiten Hälfte des 19. Jahrhunderts in Japan (s. Frage 72), so dass man heute «verheiratete Mönche und Äbte» hat, was aber eine unsinnige Formulierung ist, denn Verheiratete sind keine Mönche. Richtiger muss es heißen, dass die Kopplung von buddhistischer Ordens- bzw.

Amtswürde und Zölibat vom Staat durch Eingriff in das Ordensrecht abgeschafft wurde.

In Tibet war die Situation anders und stellt sich im Exil (in Indien) wiederum neu dar. Seit dem 12. Jahrhundert wurde das Prinzip der Reinkarnation eingeführt, das den Linien «wiedergeborener Lamas» (Tulku) hohe Autorität verlieh und teilweise auch für die Abtsnachfolge Bedeutung erhielt. Dies stärkte die Rolle der Zentralklöster, die neben der ökonomischen Macht auch die politische und administrative Entscheidungsgewalt hatten. Das System wurde zuerst in der Kagüypa-Schule (Karmapas, Drikung-Linie, Drugpa-Linie und andere Tulkus), dann auch in der Gelugpa-Schule (Dalai Lamas, Panchen Lamas) eingeführt. Obwohl die Versammlung der ordinierten Mönche durch Mehrheitsbeschlüsse wichtige Entscheidungen trifft, genießt der jeweilige Tulku besondere Autorität. Im Exil bemüht sich der Dalai Lama um eine Erneuerung der gesamten Gesellschaft einschließlich der buddhistischen Klöster im Sinne einer Demokratisierung der Entscheidungsprozesse. Dies stößt auch bei einigen etablierten Klosterhierarchien auf Widerstand, zumal der Dalai Lama als einer der höchsten Repräsentanten der Gelugpa-Schule (er ist nicht deren Oberhaupt, diese Würde kommt dem jeweiligen Ganden Tripa zu) keine Jurisdiktion über die Belange der anderen Schulen (Kagyüpa, Sakyapa, Nyingmapa) hat.

75. Gibt es eine Ordination für Nonnen? Der Buddha hat zunächst einen Mönchsorden gegründet, erst später auch einen Nonnenorden. Letzteres, so wird überliefert, nicht ohne Zögern und erst auf Drängen seiner Schüler (namentlich erwähnt wird Ananda), denn Frauen galten in der indischen Gesellschaft seiner Zeit als «schwächer im Fleisch». So lässt sich auch erklären, dass die Nonnenorden bei der Ordination und auch bei der Lehr- und Lernpraxis den Mönchsorden unterstellt waren und dass Nonnen (*bhikshunis*) bis heute mehr Regeln zu befolgen haben als Mönche. Je nach Tradition sind dies 227, 250 oder 253 Regeln für Mönche, 311, 348 oder 364 Regeln für Nonnen. Sie regulieren das gesamte Leben bis ins Detail. Die vier zentralen Gebote (deren Übertretung zum Ausschluss aus dem Orden führt) sind die Abstinenz vom Geschlechtsverkehr, vom Diebstahl, vom absichtlichen Töten und von der Behauptung von übernatürlichen Fähigkeiten. Für Nonnen kommen noch vier weitere Ge- bzw. Verbote dazu: die Vermeidung jeglichen engen Kontakts zum anderen Geschlecht, die Vermeidung körperlicher Nähe, die zu sexuellem Kontakt führen könnte, eine wesentliche Verfehlung vor Ordensschwestern zu verheimlichen, einem Mönch Respekt zu zollen, der aus dem Orden ausgeschlossen worden ist. Das Mindestalter für die volle Ordination (*upasampada*) beträgt zwanzig Jahre, für Frauen gibt es noch eine zusätzliche Probezeit von zwei Jahren. Die Ordination enthält die Gelübde auf Lebenszeit, nicht aber unbedingt die Verpflichtung zur dauernden Präsenz im Kloster. Mönche (und auch Nonnen) können außerhalb des Klosters wohnen und bleiben dennoch Mitglieder des Ordens und den Regeln verpflichtet.

Die Ordination ist gebunden an ununterbrochene Ordinationslinien, die bis auf den Buddha zurückgehen. In den Theravada-Ländern ist diese Linie unterbrochen, d. h., es gibt keine gültige Nonnenordination. Dort können Frauen zwar im Prinzip nach den Regeln des Ordens leben, sie sind aber rechtlich nicht voll ordiniert, was ihren Status schmälert. In Sri Lanka und Thailand ist in den letzten Jahrzehnten die Nonnenordination – zahlenmäßig sehr erfolgreich – über die Linie der chinesischen Dharmaguptakas wieder eingeführt worden, diese Neuerung ist jedoch umstritten und wird nicht von allen Mönchen anerkannt. Im tibetischen Buddhismus gibt es, da ein hinreichender Konsens der Mönche fehlt, bisher keine vollständige und allgemein anerkannte Nonnenordination, obwohl der Dalai Lama und andere hohe Lamas (wie z. B. der Karmapa der Kagüypa-Schule) eine entsprechende Entwicklung fördern. Im Jahre 2016 erhielten 20 Frauen den höchsten akademischen Geshe-Titel, der nach 21 Jahren des Studiums und erfolgreicher Prüfung vergeben wird, was seit Jahrhunderten ein Privileg der Mönche war.

Die Ordination wird gelegentlich mit der Priesterweihe im Christentum verglichen (Roloff 2017). Es gibt hierarchische Abstufungen, vom Eintritt als Schüler(in) in das Kloster (Mindestalter sieben Jahre) über die Novizenschaft bis hin zur vollen Ordination, vor der ein Mönch mindestens fünf bis zehn Jahre, eine Nonne sechs bis zwölf Jahre von einem Mentor/Tutor eigener Wahl betreut worden sein muss, um in die Rechte und Pflichten eingeführt zu werden. Nach zehn Jahren Mitgliedschaft als Mönch (bei Nonnen zwölf Jahre) können, nach Zustimmung der Ordensgemeinschaft (sie besteht aus mindestens vier Mitgliedern), Ordinationen von Anwärtern vollzogen werden. Für eine gültige Ordination (auch der Frauen) müssen mindestens fünf bis zehn Mönche präsent sein. Dies ist heute der Streitpunkt, denn in dieser Form kann es keinen unabhängigen Nonnenorden geben.

76. Haben Mönche und Nonnen im sozialen Leben eine andere Stellung als Laien? In allen buddhistischen Ländern sind Mönche und Nonnen eine Elite, die von den Laien hoch verehrt wird. Im Theravada leben die Mönche von Laien weitgehend getrennt, entweder in Klöstern, oft auch in Klausen am Rande eines Dorfes, um dort die rituellen und pädagogischen Pflichten gegenüber den Laien zu erfüllen. Aber sie sind nicht Teil des sozialen Systems der Laien. Größere Klöster, auch einzelne überregional bekannte Gelehrte bzw. Meditationsmeister, haben erheblichen Einfluss und wirken meinungsbildend. Da der öffentliche Ruf eines Mönches in den Augen der Laien dessen «spirituelle Qualifikation» widerspiegelt und die karmische Wirksamkeit der Spenden (seit der Zeit des frühen Buddhismus) abhängig ist von ebendiesem Ruf bzw. Charisma des mönchischen Empfängers, kommt der ungeschriebenen «spirituellen Hierarchie» eine große religionspraktische Bedeutung zu. Bis hin zum Wohlergehen der Dorfgemeinschaft, des Staates, zu den Wetterbedingungen usw. wird der Präsenz von Mönchen ein positiver Einfluss zugeschrieben. Wenn Mönche die Annahme von Spenden verweigern, ist das für den jeweiligen Geber eine Katastrophe, denn er verliert soziales Ansehen und büßt den Rückhalt in der Gesellschaft ein. In Bezug auf die Nonnen ist in der gesamten buddhistischen Welt ein deutliches Gefälle spürbar, denn da Nonnen in vielerlei Hinsicht den Mönchen untergeordnet sind, haben sie allgemein bei den Laien ein geringeres Ansehen als die Mönche. Es gibt Ausnahmen. Die buddhistische internationale Frauenbewegung Sakyadhita ist dabei, diese Situation zu verändern. Auch in den Mahayana-Ländern Zentral- und Ostasiens haben Mönche ein hohes Sozialprestige. Jedoch werden im Mahayana auch Laien aufgrund ihres spirituellen Charismas verehrt.

In Japan kam es im Zuge eines politisch motivierten Nationalismus im 19. Jahrhundert zu Zwangslaisierungen von Mönchen (s. Frage 72). Sie übten ihre Funktionen (z. B. Meditationsmeister in den Zen-Klöstern (Roshi)) nun als Verheiratete aus. Die Unterdrückung der buddhistischen Klöster durch den nationalistisch-shintoistisch neu organisierten Staat stärkte aber auch die Position der Laien. Es entstanden die großen Laienbewegungen, die als «Neue Religionen Japans» bezeichnet worden sind, in Wirklichkeit aber an alte Traditionen anknüpfen, vor allem an den politischen Reformbuddhismus Nichirens im 13. Jahrhundert. Am einflussreichsten sind die Bewegungen Soka Gakkai (gegr. 1930) und Rissho Kosei Kai (gegr. 1938), die von Laien geführt und geprägt sind und Millionen von Anhängern zählen.

77. Können Mönche/Nonnen und Laien ihre Mahlzeiten gemeinsam einnehmen? Im Theravada nehmen die Mitglieder des organisierten Samgha und Laien ihre Mahlzeiten grundsätzlich getrennt ein. Selbst heute, etwa auf internationalen Konferenzen, ziehen sich die Mönche zum Essen zurück, das nach der Mönchsregel vor der Mittagsstunde eingenommen werden muss.

Im Mahayana ist dies im Prinzip auch so, in der Praxis gibt es jedoch Ausnahmen. Wer als Laie in einem Kloster zu Gast ist, kann durchaus gemeinsam mit den Mönchen Speisen einnehmen. Allerdings sind auch in den Zen-Klöstern Japans und Chinas Männer und Frauen strikt getrennt. Im indischen Exil der Tibeter können die gastgebenden Lamas eine kleine Mahlzeit in Gemeinschaft mit den Gästen, einschließlich Frauen, einnehmen. Das sind aber in der Regel nicht die regulären Mahlzeiten.

Im westlichen Buddhismus (USA, Europa, Australien) ist das gemeinsame Speisen vor allem während der Retreat-Zeiten, also in der geplanten Zurückgezogenheit vom Alltag, durchaus üblich.

78. Dürfen Mönche heiraten? Ein Mönch (skt.: *bhikshu*, Bettelmönch) lebt per definitionem zölibatär. Wenn er heiratet, ist er nicht mehr Mönch. Das trifft für alle Formen des Buddhismus zu, denn die Gelübde, die Mönche und Nonnen bei ihrer Ordination ablegen, beinhalten als zentrales Element neben der Besitzlosigkeit und dem Gehorsam bzw. Respekt gegenüber anderen Mitgliedern des Samgha den strikten Zölibat. Ein verheirateter Mönch wäre also ein «hölzernes Eisen». Allerdings können Mönche ihre Gelübde zurückgeben und gelten dann als laisiert. Die Rückgabe der Gelübde ist ein offizieller zeremonieller Akt mit Rechtswirkung. Der laisierte Mann (und im Prinzip auch die laisierte Frau) kann danach heiraten und eine Familie gründen. Sollte der Wunsch bestehen, wieder in den Mönchsstand zurückzukehren, ist dies (bis zu siebenmal im Laufe des Lebens) möglich. Nonnen können nach der Laisierung nicht wieder in den Orden eintreten, auch dies also eine nicht gleichberechtigte Sonderregelung für Frauen. Es handelt sich bei Männern jedoch nicht eigentlich um eine «Rückkehr», sondern um ein neues Verfahren mit Prüfung, Novizenschaft usw. Der Austritt aus dem Orden (und mögliche Wiedereintritt) muss schon im frühesten Buddhismus vorgekommen sein, sonst gäbe es die entsprechenden Regeln nicht. Im Prinzip gilt diese Veränderung des Status im Samgha nicht als ehrenrührig, insofern die Gelübde nicht verletzt werden. Im gesellschaftlichen Kontext aber haftet einer Laisierung stets ein Prestigeverlust an, der sich selbstverständlich sozial auswirkt. Der Prestigeverlust bei Zwangslaisierungen durch den Staat, wie sie in China vorkamen und zuletzt in der 2. Hälfte des 19. Jahrhunderts in Japan, hielt und hält sich in Grenzen. Die Zen-Meister in Japan, die auch heute noch verheiratet sind, genießen Anerkennung dem Maß ihres Könnens und ihres Rufes entsprechend, ganz unabhängig vom Status des Zölibatärs oder des Verheirateten.

79. Gibt es einen buddhistischen Feminismus? Heutige Buddhistinnen plädieren zunehmend für eine buddhistische Frauenemanzipation. Dabei arbeiten sie mit Frauen aus anderen Religionen (namentlich dem Judentum und dem Christentum) zusammen. Vielfach kommen die Impulse aus den USA und aus Europa, die engagierte Bewegungen in allen asiatischen Ländern inspirieren. Die Sakyadhita-Bewegung («Töchter des Buddha») setzt sich nicht nur für die neue und breite Etablierung der Frauenordination ein, sondern auch für Bildung und Selbständigkeit der Frauen in buddhistischen Kontexten. Internationale Konferenzen (Gründungskonferenz 1987 in Bodhgaya/Indien, danach z. B. 1991 Bangkok, 1993 Colombo, 2007 Hamburg – vor allem zur Frage der Nonnenordination) und Publikationen (Diana Paul, Rita Gross, Joanna Macy, Carola Roloff, Ven. Ayya Khema, Ven. Dhammananda, Karma Lekshe Tsomo u. a.) sollen ein Bewusstsein für die Problematik schaffen und die Machtstrukturen in den Institutionen verändern helfen. 2016 haben tibetische Nonnen mit Unterstützung westlicher Samghas höchste offiziell anerkannte Bildungsgrade erreicht. Die buddhistische Frauenbewegung ist meist auch verknüpft mit dem «Engagierten Buddhismus», der nicht nur in Nordamerika und Europa, sondern auch in Asien ökologisch, sozial und politisch aktiv ist (Thich Nhat Hanh in der Friedensbewegung gegen den Vietnamkrieg, Sulak Sivaraksa in Thailand für eine soziale Erneuerung und Gerechtigkeit, der Dalai Lama für gewaltfreien Widerstand gegen Unterdrückung und Ausbeutung in jeder Form). In vielen westlichen buddhistischen Zentren nehmen Frauen führende Positionen ein. Wenn auch die Lehrer aus Asien überwiegend noch männlich sind, so liegen Organisation und Verwaltung immer mehr in den Händen von Frauen. Auch die Formen der (Meditations)praxis werden sichtbar «weiblicher»: So spielt die empathische Kommunikation zwischen den Teilnehmern von Meditationskursen im Westen eine immer größere Rolle gegenüber dem eher autoritären Lehr- und Lernstil, wie er aus Asien bekannt ist.

Ethische Einzelfragen

80. Gibt es eine buddhistische Umweltethik? In Bezug auf die Haltung zur Natur hat der Buddhismus vielschichtige, ja widersprüchliche Erfahrungen verarbeitet und zeitgebundene Normen aufgestellt. Im frühen Buddhismus treffen eine animistische Grundhaltung, die Ehrfurcht vor den Naturkräften impliziert, auf Seiten der Laiengemeinschaft und die Askese bzw. Weltentsagung der Mönche, welche die Vergänglichkeit der Natur meditieren, aufeinander. Für die Mönche ist die Natur vor allem ein Platz der Meditation und Ruhe, sie ist nicht um ihrer selbst willen wichtig.

Sowohl im *Dhammapada,* den Lehrreden des Buddha, als auch in verschiedenen Sutras, den *Theragatas* und *Visuddhimagga* Kap. 6, wird die Natur des Menschen, der Leib, als vergänglicher Schmutz meditiert, um das Verlangen abzutöten. Einen anderen Zugang im Laienbuddhismus signalisieren kanonische Texte, die sich dann auch in den berühmten Felsenedikten des Kaisers Ashoka widerspiegeln, wo das Pflanzen von Bäumen sowie der Bau von Deichen und Dämmen, Brunnen und Wasseranlagen, d. h. das pflegende Eingreifen des Menschen in die Natur, als besonders verdienstwürdig gilt.

Der buddhistische Weg besteht ja gerade darin, die wechselseitige Abhängigkeit aller Wesen zu erkennen (*prajna*), woraus die «heilende Hinwendung» (*karuna*) zu allen anderen Lebewesen folgt. Dies trifft auf den Mahayana-Buddhismus zu und hat auch im Theravada starke Wurzeln. Die meditative Schau des Nirvana ist zwar von der Welt des Werdens abgelöst, also auch von der Natur, aber Meditation und Nirvana sind nicht zu trennen von der heilenden Hinwendung zu allen Wesen und vom liebenden Wohlwollen. Dies zeigen die sogenannten Vier Unermesslichkeiten (*apramana*), die schon frühester buddhistischer Überlieferung zufolge zu allen Lebewesen ausgestrahlt werden sollen: 1. liebendes Wohlwollen (*maitri*), 2. heilende Hinwendung zu allen Wesen (*karuna*), 3. Freude (*mudita*), 4. Gleichmut (*upeksha*): alle Lebewesen sind mein Selbst (Pflanzen nicht eingeschlossen), also ist der Anthropozentrismus aufgehoben. *Upeksha* (engl.: *equanimity*) bedeutet nicht moralische Indifferenz, sondern das Gleichgewicht des Geistes jenseits von unterscheidenden Bewertungen, das die drei anderen Tugenden enthält (s. Frage 49).

Auf diesen Grundlagen baut der Staat Ashokas auf, der wohl erste Wohlfahrtsstaat in der Geschichte der Menschheit (3. Jahrhundert v. Chr.). Die Betonung allgemeiner ethischer Werte in seinen Felsenedikten ist aus der buddhistischen Geisteshaltung abgeleitet. Edikt Nr. 7 lautet:

> So habe ich zum Beispiel durch Gesetzgebung angeordnet, dass einige Arten von Tieren nicht getötet werden dürfen. Aber die Menschen haben ihre Hingabe an den Dharma sogar noch verstärkt, indem sie überzeugt sind, dass überhaupt keine Lebewesen verletzt oder getötet werden dürfen.

Ashokas Ideal ist nach D. R. Bhandarkar (*Ashoka*, Kalkutta 1925, 220 f.) «nicht einfach die Bruderschaft der Menschen, sondern die aller Lebewesen. Er fühlt sich mit der gesamten beseelten Welt verbunden.» Diese Umweltethik hat weitergewirkt in der Staatsräson Theravada-buddhistischer Länder, wie aus den ceylonesischen Chroniken hervorgeht.

Bedeutsam ist in diesem Zusammenhang der Maitreya-Mythos, die eschatologische Hoffnung auf einen kommenden Buddha, der mit dem Bodhisattva-Ideal verbunden wurde, das auch im Theravada existiert. Bereits in Ceylon wurde die Vorstellung vom gerechten, guten, heilsspendenden kommenden Buddha, eben Maitreya, mit der Königsideologie verbunden und auf die jeweiligen Herrscher übertragen, die dann als *möglicher* kommender Buddha verehrt wurden. Sie galten als Garanten der Harmonie von Mensch und Natur. Naturgeschichte und menschliche Geschichte stehen hier in Wechselwirkung.

Pflanzen gelten zwar im indischen Buddhismus nicht als Lebewesen (was sich in China unter daoistischem Einfluss ändern sollte), aber als Basis der Nahrung und Lebensraum von Menschen, Tieren und Geistern sind sie ebenfalls geschützt.

In Ostasien spielt die Idee von *tathagatagarbha* eine große Rolle: *garbha* bedeutet Schoß, *tathagata* ist ein Titel des Buddha, wörtlich der So-Gekommene, d. h. der in die Wahrheit Eingegangene und aus ihr Hervorgehende. Es geht um die Anschauung, dass alle Lebewesen, auch Tiere, das Potential der Buddhaschaft in sich tragen. Sie wurde in China weiterentwickelt und hat seither Ch'an (Zen) nachhaltig geprägt: Nicht nur die biologische Verwandtschaft aller Wesen ist hier angesprochen, sondern die Heilsgemeinschaft von Mensch und Tier. Dies hat den Tierschutz gefördert. Tier und Mensch sind als «Gefäß» für die Buddha-Natur mit Ehrfurcht zu behandeln.

Im chinesischen Buddhismus kam es unter dem Einfluss der daoistischen Naturmystik zu einer Neubewertung der Natur, denn im ostasiatischen Buddhismus werden oft auch die Pflanzen den Lebewesen zugerechnet, und das geht auf zwei Schulbildungen zurück: In der T'ien-t'ai-Schule, der ersten eigenständigen Schule des chinesischen Buddhismus, wird das universale Buddha-Wesen aller Wirklichkeit, nicht nur der Lebewesen, gelehrt. Damit ist die prinzipielle Differenz von belebten und unbelebten Wesen aufgehoben, was eine Radikalisierung der oben erwähnten indischen *Tathagatagarbha*-Tradition bedeutet. Die kosmologische Begründung hierfür lieferte die Hua-Yen-Schule, die auf das indische Avatamsaka-Sutra zurückgeht und den Kosmotheismus dieses Sutra sowie des Lotos-Sutra philosophisch-systematisch ausarbeitet (s. Frage 17): Alles ist in allem enthalten, ja, alles ist letztlich alles, weil die Wirklichkeit nicht ein Zusammenspiel von Substanzen ist, sondern ein Wechselverhältnis von Beziehungen.

Dies hatte Folgen für die gesamtkulturelle Entwicklung in China: Im Synkretismus der Sung-Zeit (960–1279), in der vom Buddhismus beeinflussten neokonfuzianischen Philosophie, gibt es eine deutliche Hinwendung zur Natur: So soll sich der Philosoph Choe Tun-yi (1017–1073) geweigert haben, das Gras zu schneiden, weil er sich allem Lebendigen verwandt fühlte. Der Dichter Su Tung-p'o (Sung) erfuhr die Erleuchtung während eines Nachtspaziergangs in den Bergen, als er das Rauschen des Flusses hörte. Die sogenannte Erleuchtungsstrophe, mit der er vor seinen Zen-Meister trat, lautet:

Das Rauschen der Bäche im Tal ist Seine lange, breite Zunge;
Die Formen der Berge sind Sein reiner Leib.
In der Nacht hörte ich das Summen von Myriaden von Sutra-Versen,
Wie kann ich anderen ihre Bedeutung sagen?

In Japan wurden diese chinesischen Ansätze im Zusammenhang mit der *Shinto*-Frömmigkeit weiterentwickelt: Natur wird als Kultur erfahren und umgekehrt.

In Tibet wiederum sind die Naturkräfte und -geister, die schamanischen Naturrituale, so integriert worden, dass sie dem institutionellen Buddhismus untergeordnet wurden. Milarepa (1040–1123), der große Dichtermönch, singt in seinen berühmten *Einhunderttausend Gesängen* von der Naturschönheit, die ihm nun aber charakteristischerweise zum Symbol der Vergänglichkeit wird. Alles ist für ihn belebt, alles ist von geistigen Wesenheiten durchdrungen, und diese Haltung zeichnet den tibetischen Buddhismus bis heute aus.

Die jeweilige (kulturbedingte) Verbindung der buddhistischen Spiritualität mit naturreligiösen Traditionen brachte eine ehrfurchtsvolle Haltung gegenüber der Natur hervor. Der Buddhismus ist und bleibt zwar am Menschen orientiert, da nur der Mensch das Nirvana erlangen kann, doch trägt der Mensch Verantwortung für alle Lebewesen. Das bedeutet für die Grundlagen einer Umweltethik:

- Je nach der wohl klimatisch bedingten Naturerfahrung (Indien – China) wird Natur als bedrohend oder heilend erlebt und dementsprechend entweder ausgeblendet oder aber als Metapher für die letztgültige Harmonie empfunden.
- Die Ideale von Gewaltfreiheit und barmherziger Hinwendung zu allen Wesen verpflichten den Menschen gegenüber der Natur.
- Der Theravada-Buddhismus deutet Nicht-Ich (s. Frage 31) als Verwandtschaft aller Lebewesen, was sich im Mahayana unter der Erfahrung von «Leerheit» (s. Frage 25) noch zur vollkommenen Einheitsschau der Wirklichkeit verstärkt.
- Die (allgemein indische) Lehre von den Weltzeitaltern macht aber deutlich, dass im Zeitalter des Verfalls des Dharma auch die Harmonie zwischen Mensch und Natur zerbricht, was nicht fatalistisch hinzunehmen, sondern im Bodhisattva-Geist zu ändern ist.

Ob der Buddhismus heute die Kraft hat, diese Schau so zu formulieren, dass sie die entsprechenden Gesellschaften prägt, ist offen – Naturzerstörung gibt es auch in Asien überall. Doch gibt es auch aufsehenerregende Initiativen wie in Thailand, wo Bäume von Mönchen zeremoniell «adoptiert» werden, damit sie nicht dem Raubbau zum Opfer fallen, oder die großen buddhistischen Laien-Bewegungen in Japan (Rissho Koseikai, Soka Gakkai), die eine weltweit wirksame und buddhistisch begründete Umweltethik propagieren.

81. Wie steht der Buddhismus zur Gewaltausübung? Der Buddhismus gründet im Prinzip der Gewaltlosigkeit (*ahimsa*) gegenüber allen Lebewesen. Absichtliches Töten, in welcher Form auch immer, ist ein grundlegendes Vergehen gegen die buddhistische Mönchsregel (*vinaya*). Im Verlaufe der Geschichte ist es jedoch zu Modifikationen gekommen:

Der Theravada-Buddhismus, der sich im Pali-Kanon normativ definiert, lehnt physische Gewalt und mentalen Zwang ab. Anders das Mahayana, wo Gewalt im Ausnahmefall als angepasstes Mittel (*upaya*) und unter dem normativen Kriterium des Schutzes des Dharma, einschließlich der Tötung von Menschen, gerechtfertigt werden kann (z. B. im Mahaparinirvana-Sutra), um Leid und Unheil für eine größere Anzahl von Lebewesen abzuwenden. Hier ergänzt eine relativistische Gesinnungs- bzw. Motivationsethik die strikte normative Regelethik des frühen Buddhismus, und zwar auch im Zusammenhang mit der Ausbreitung des Buddhismus in die sozialen Milieus von Laien und in andere als die ursprünglichen Kulturräume.

In der Geschichte des Buddhismus gibt es Gewalt oder Gewaltbereitschaft, die nicht einfach nur mit der Differenz von Anspruch und Wirklichkeit, von Theorie und Praxis erklärbar ist, sondern mit einer vielen Religionen inhärenten Gewaltdynamik zu tun hat, von der auch der Buddhismus nicht frei ist. So ist es wiederholt zu Selbstverstümmelungen und rituellen Selbsttötungen gekommen, die nicht unbedingt auf die Normen für eine buddhistische Lebenspraxis zurückzuführen sind, sondern auch auf die Werte- und Sozialmuster, die der Buddhismus in der Geschichte seiner Ausbreitung bereits vorfand. Im Vinaya wird explizit die Anstachelung zur Selbsttötung als Vergehen klassifiziert, implizit ist damit die absichtliche Selbsttötung eingeschlossen (Mylius 1991: 315). Ein berühmter Text, der im Pali-Kanon gleich zweimal vorkommt (MN 1, 341–348 und AN 2, 205–11) und von den Sarvastivadins überliefert wurde, unterscheidet vier Gruppen: Menschen, die sich selbst, die andere, die sich selbst und andere, die weder sich selbst noch andere quälen. Gewalt wird abgelehnt, wenngleich im frühen Buddhismus die politische Gewalt der

Gerichtsbarkeit und des Krieges nicht grundsätzlich diskutiert werden, weil man hier eher pragmatisch zu argumentieren scheint und die Gewaltausübung durch den Staat hinnimmt. Eine andere Frage ist die Aufopferung und Hingabe des eigenen Lebens für andere.

Auch im Buddhismus sind das religiöse Ideal und die soziale Verwirklichung eng verbunden und staatliche Ordnungsmacht und religiöse Heilsverwirklichung wechselseitig aufeinander angewiesen. Im Tibetischen hat z. B. das Konzept vom «weltlichen Gabenherrn» und «religiösen Lehrer» die alte buddhistische Verhältnisbestimmung von Laien und Mönchen politisiert. In der späteren buddhistischen Geschichte patronisierten die weltlichen Herrscher den Samgha als stabilisierenden, pädagogisch wirksamen Ordnungsfaktor des Gemeinwesens, so in Südasien, Südostasien und Ostasien. Im Verhältnis zwischen tibetischer geistlicher Herrschaft und mongolischer Militärmacht wurde dies in spezifischer Weise gedeutet: Weltlicher Patron und geistlicher Erzieher stützen einander gegenseitig, um ein ideales buddhistisches Gemeinwesen zu etablieren, das der Praxis des Dharma ideale Bedingungen durch Ruhe und Frieden schaffen sollte, und man erinnert an Ashoka und das buddhistische Königtum, wie es in Sri Lanka entwickelt wurde und dann in Südostasien - in Thailand bis heute - wirksam ist. Das Ideal des buddhistischen Königs (*dharmaraja*), der auch Gewalt anwendet, um ein höheres, von der Religion legitimiertes Gut zu verteidigen, und des idealen Herrschers (*cakravartin*), der im Prinzip gerecht und gewaltfrei herrscht, ist dem Buddhismus als einer welt-gestaltenden Religion eingeschrieben. So ist es kein Zufall, dass die militärischen Siege und gesetzgeberischen Aktivitäten Dschingis Khans und Kubilai Khans in der buddhistisch-mongolischen Geschichtsschreibung als «Befriedung» des Volkes interpretiert werden, die eben auch die Bekämpfung des Falschen mittels Gewalt einschließt.

Auch die Rhetorik der Zerstörung von Dämonen als Widersacher des Buddhismus und der wahren Lehre kann religionsimmanent in faktische Gewaltanwendung umschlagen, wie die tibetische Geschichte und die gegenwärtige Kontroverse in der tibetischen Exilgemeinde in Indien um die Gottheit Shugden zeigen (M. v. B. 2008: 181 ff.).

Aus der Geschichte Sri Lankas, Angkors oder Japans ließen sich auch Beispiele für eine Vereinnahmung von religiöser Legitimation für politische Zwecke, einschließlich Gewaltanwendung, finden. Dabei handelt es sich aber wohl eher um einen intrinsischen Zug religiöser Traditionen, wobei im Mahayana eine innere Logik der Traditionsentwicklung den ausnahmsweisen Gebrauch von Gewalt legitimiert (z. B. das Bodhisattva-Ideal, wonach der Bodhisattva einem Übeltäter auch durch den Gebrauch von Gewalt Einhalt gebieten muss, ohne dabei selbst sein Karma zu belasten, da er ja aus reinen Motiven handelt). Dies gilt auch für die Mönchskrieger in Japan, die allerdings keine Ausnahmeerscheinung waren, zumal sich auch in China, Korea und Tibet vergleichbare Tendenzen zeigen. Die sogenannten «kritischen Buddhisten» in Japan arbeiten dieses Thema historisch auf.

Der Buddhismus ist in seiner historischen Entwicklung eine weltgestaltende Religion und legitimiert Politik durch Mythen, Wertemuster und Institutionen. Politische Auseinandersetzungen sind in der bisherigen Geschichte immer auch mit Gewalt verbunden gewesen, und dies spiegelt sich auch in der Geschichte des Buddhismus.

82. Wie steht der Buddhismus zur Abtreibung? Abtreibung gilt als Tötung von Leben und ist somit strikt untersagt. Das Leben beginnt mit der Befruchtung als einer Verbindung von drei Elementen: Sperma und Ovum (ursprünglich Blut, da das Ei noch nicht bekannt war) verbinden sich mit der geistigen Energie eines vorigen Lebewesen, die angetrieben wird durch karmische Kräfte, welche nach Verkörperung in einer neuen Existenz suchen. Die Tötung des Fötus ist daher im vollen Sinne Tötung eines Menschen. Im zentralen Metta-Sutta (Sutta-Nipata 1,8, s. Frage 86) werden ausdrücklich «die Lebewesen, die zum Dasein drängen» neben den jetzt Lebenden erwähnt. In Ländern des Theravada-Buddhismus wie Sri Lanka und Thailand ist darum die Gesetzgebung restriktiv, sie erlaubt den Schwangerschaftsabbruch nur bei unmittelbarer Gefahr für das Leben der Mutter und unter Umständen bei Vergewaltigung. Aber auch Buddhisten im Mahayana vermeiden Abtreibungen, doch sieht die Praxis in den vom Buddhismus geprägten Ländern ganz verschieden aus.

In Japan gibt es seit 1947 eine liberale Gesetzgebung hinsichtlich der Abtreibung. In den 1970er und 1980er Jahren hatte Japan laut Statistiken eine der höchsten Abtreibungsraten der Welt. In buddhistischen Tempeln werden Rituale vollzogen, die den Geist des abgetriebenen «Wasser-Kindes» (*mizuko kuyo*) befrieden und ihm eine günstige Wiedergeburt sichern sollen. Der Bodhisattva Jizo (skt.: Kshitigarbha) wird dann in Tempelarealen oft hundertfach aufgestellt, mit einem Wanderstab in der Hand und bekleidet mit einem kindlichen Schurz. Die Jodo Shinshu, die Wahre Schule des Reinen Landes und vermutlich größte Gruppierung im japanischen Buddhismus, lehnt diese Praxis ab, weil sie mit der Furcht vor umherirrenden Dämonen der Rache verbunden ist, die als nichtbuddhistischer Aberglaube verurteilt wird.

83. Wie steht der Buddhismus zum Suizid? Einige Aspekte der buddhistischen Haltung zum Suizid sind in Frage 81 erörtert. Gewalt gegen sich selbst in Form des Suizids wird im Theravada strikt abgelehnt, sie wird aber dennoch mehrmals berichtet (Schmithausen 1997: 138A.58). Im *Milindapanha* (s. Frage 42) heißt es, dass es die Pflicht des Mönches sei, am Leben zu bleiben, um für das Wohl anderer Lebewesen zu wirken. Die ethische Problematik ist hier mit dem soteriologischen Ziel des Nirvana eindeutig verknüpft.

Bereits im Indien des 7. Jahrhunderts ist es nach Berichten von chinesischen Pilgern (Hsüan-tsang 602–664; I-ching 635–713, der dies nachdrücklich verurteilt) unzweifelhaft zu Selbsttötungen gekommen, für China kann die Selbsttötung von Mönchen vom 5.–9. Jahrhundert nachgewiesen werden. So verbietet eine Regierungsvorschrift aus der Tang-Zeit von 720 ausdrücklich, dass sich Mönche und Nonnen verbrennen. Die Suizidmotive sind verschieden: Imitation der Bodhisattvas, die ihren eigenen Leib opfern, Ekel vor dem Körper, das Ideal des Gebens (*dana*) bis zur Selbstaufgabe, der Wunsch, möglichst bald im Reinen Land wiedergeboren zu werden, die Selbstkontrolle über den Todeszeitpunkt bei vollem Bewusstsein, damit dieser spirituell genutzt werden kann, oder auch politischer Druck.

In den Kommentaren chinesischer Historiker aus dem 5.–10. Jahrhundert wird eine Doppelstrategie sichtbar: Zwar ist allen bewusst, dass Gewalt gegen sich selbst gegen den Vinaya verstößt, doch sei die Hingabe, die hier sichtbar werde, lobenswert und beispielgebend, denn das wegzugeben, was einem am liebsten ist - nämlich das eigene Leben –, bringe größten Verdienst (*punya*).

Der Widerspruch zwischen der Vinaya-Regel und der (Mahayana-) buddhistischen Praxis resultiert aus zwei Gegebenheiten: Im Mahayana zählt die Motivation mehr als die Tat. Wenn also die Tötung aus untadeligen Motiven (mit einem klaren, unbewegten, nicht-anhaftenden und wunschfreien Geist) erfolgt, ist sie gerechtfertigt, sonst nicht. Die Verhaltensnorm ist gegenüber der Gesinnung sekundär.

Selbsttötungen von Mönchen als Protest gegen politische Unterdrückung und Krieg hat es im 20./21. Jahrhundert während des Vietnamkriegs gegeben und auch in Tibet als Aufbegehren gegen Repressalien der chinesischen Behörden.

84. Wie werden Sterbehilfe und Organtransplantation bewertet? Der Sterbeprozess ist für Buddhisten von außerordentlicher Bedeutung, da das Bewusstsein in einen noch unbekannten Zustand eintritt und dabei eine höhere spirituelle Reife erlangen kann. Besonders der tibetische Buddhismus hat Rituale (das «Tibetische Totenbuch») entwickelt, die den sukzessiven Sterbeprozess begleiten. Ein qualifizierter Lama spricht dem Sterbenden Worte ins Ohr, die ihm erklären, was er gerade erfährt. Dies soll besonders dann wirkungsvoll sein, wenn dem Sterbenden die Texte bekannt sind. Jede Beeinflussung und Störung ist, auch wenn sie einer kurzfristigen Verlängerung der physischen Existenz dient, möglichst auszuschließen, um das Bewusstsein nicht zu beunruhigen und negative Eindrücke zu vermeiden. Eine von außen induzierte Abkürzung des Sterbeprozesses wird grundsätzlich nicht angeraten. Die Beendigung der Nahrungsaufnahme durch den Sterbenden kann jedoch sinnvoll sein.

Bei unerträglichen Schmerzen, die auf palliative Maßnahmen nicht ansprechen, so dass das Bewusstsein des Sterbenden massiv getrübt wird, kann passive Sterbehilfe auch im physischen Sinn erlaubt sein. Auch die assistierte Selbsttötung kann unter solchen Umständen akzeptiert, vielleicht sogar geboten sein, wie eine Befragung in Ladakh (2013) ergab. Der Sterbehelfer würde keine negativen karmischen Konsequenzen auf sich ziehen, weil er allein aus mitfühlender Intention handele. Dagegen spreche, dass Schmerz auch als eine Chance zur mentalen bzw. spirituellen Reifung begriffen werden könne. Ein weiteres Argument gegen die assistierte Selbsttötung ist das Karma. Weder Selbsttötung noch assistierte Selbsttötung sind erlaubt oder sinnvoll, da das Leiden eine Folge des betreffenden Karma sei.

Für das Thema Organspende gibt es in der Überlieferung zwar

keine Bezugspunkte, wohl aber Analogien und entsprechende Argumentationsweisen. Meist wird das Spenden von Organen befürwortet, zu Lebzeiten wie auch im Sterbeprozess. Selbst wenn dies nach tibetisch-buddhistischer Vorstellung die notwendige Ruhe im Sterbeprozess negativ beeinflussen könnte, wird doch die altruistische Motivation, Leben retten zu wollen, höher bewertet. Das Handeln aus Barmherzigkeit (*karuna*) sei eine außerordentlich positive Bewusstseinsformung, gegen die kein höheres Argument Bestand haben könne.

Zusammenfassend kann festgehalten werden: Die modernen medizinethischen Problemstellungen wie auch die Frage des Suizids werden individuell mit großer Flexibilität unter Beachtung einer kreativen Weiterentwicklung traditioneller buddhistischer Argumentationen und Werte gelöst. Wenngleich in den Begründungsstrategien Unterschiede zu verzeichnen sind und auch die Optionen für das Handeln unterschiedlich beurteilt werden, sind folgende gemeinsame Gesichtspunkte bezeichnend:

- Entscheidend für alle ethischen Erwägungen ist vor allem im Mahayana die Motivation. Nicht die Tat als solche wird bewertet, sondern die Motivation bestimmt den Wert der Tat.
- Die Lehre von der Wiedergeburt spielt eine wichtige Rolle für medizinethische Argumente. Leben und Tod sind Momente eines umfassenderen Zusammenhangs. Glück und Heil müssen langfristig unter der Perspektive der Wiedergeburt gesehen werden. Auch Karma entwickelt sich über mehrere Leben. Selbsttötung oder Fremdtötung hat also Auswirkungen auf die Zukunft, sie kann kein Dilemma und keine Verstrickung in der Gegenwart beenden.

Bedeutung für die Gesellschaft

85. Wie verhalten sich Religion und Politik zueinander? Buddhistische Mönche haben von Anfang an Könige (und wirtschaftlich mächtige Laien) beraten. Könige unterstützten (oder verfolgten) den Samgha, und die Mönche lehrten nicht nur Geistesruhe und allgemeine Ethik, sondern auch politische Klugheit. Aber erst als ein bedeutender Herrscher, nämlich Ashoka (s. Fragen 51, 80), den Buddhismus förderte und vielleicht sogar zu ihm konvertierte, jedenfalls aber «dem *dharma* gemäß» zu herrschen versuchte, hatte der Buddhismus direkten Einfluss auf die Politik. Ashoka organisierte einen buddhistischen «Wohlfahrtsstaat», der weitgehend Religionsfreiheit gewährte. Nachdem er äußerst blutige Kriege geführt hatte, um Indien unter seiner Herrschaft zu vereinen, erkannte er nach der berüchtigten Schlacht von Kalinga (im heutigen Orissa), dass Gewalt eine Geißel der Menschheit sei und überwunden werden müsse. Statt mit dem Schwert solle die Ordnung durch Lehre und Erziehung hergestellt und erhalten werden. Ashoka sandte zu diesem Zweck Dharma-Beamte aus, um eine neue Politik, beruhend auf dem Common sense und Interessenausgleich, zu etablieren. Dies bedeutete auch eine Humanisierung des Strafrechts.

Die Chroniken Ceylons (Sri Lanka) zeigen, dass der buddhistische Samgha auch Einfluss auf die Regierungspraxis der Könige hatte, es kam (dem Vorbild Ashokas folgend) zu einer Zivilisierung von Herrschaft. Doch schon hier zeigt sich auch, dass der Buddhismus gegen die hinduistischen Tamilen nationalistisch instrumentalisiert werden konnte. Der Buddha-Dharma wurde zur kulturellen Waffe gegen «die Anderen». Es kam zu blutigen Auseinandersetzungen, die vom buddhistischen Samgha mitgetragen waren. Beide Tendenzen hat es in der Geschichte immer wieder gegeben, mit je unterschiedlicher Gewichtung.

Als ein interessantes jüngeres Beispiel zur Wirkung des Buddhismus auf die Politik sei ein Abschnitt aus der Geschichte Birmas (Myanmar) in den Blick genommen. Das alte Birma kannte keinen privaten Landbesitz, sondern ein Pachtsystem, das königlicher Aufsicht unterstand. Der König verlangte Steuern, die halbjährlich verteilt wurden. Wer (etwa bei schlechter Ernte) nicht abgabefähig war, wurde von der Steuer befreit. Es gab keine Finanzwirtschaft, damit kein Kapital angehäuft werden konnte, das zur Zerstörung des Gleichgewichts in der Gesellschaft sowie zwischen Natur und Gesellschaft geführt hätte. Wirtschaftliche Stabilität und Zufriedenheit aller waren das Ziel des Staates. Das aber wiederum nicht als Selbstzweck, sondern damit der Samgha mit Almosen unterstützt werden konnte und die Laien genügend Zeit für religiöse Praxis hätten.

Die Briten rechneten es zu den Errungenschaften der Kolonialherrschaft, dass wirtschaftlicher Wettbewerbsgeist sich langsam durchzusetzen begann, allerdings massiv erzwungen. Die Kolonialmacht erhöhte die Steuerlast derart drastisch, dass die Bauern zusätzliches Land, das zur Ernährung bisher nicht benötigt worden war, im Raubbau nutzen mussten. Bis dahin galt der Boden als nicht veräußerbar und menschlichem Gewinnstreben entzogen. Dieses traditionelle buddhistische Ethos in Birma überlebte bis ins 19. und 20. Jahrhundert und stieß mit den an Gewinnmaximierung orientierten Idealen der British East India Company zusammen. So schrieb der britische Kolonialbeamte H. Fielding-Hall über den birmesischen Buddhismus:

> Eine großartige Religion, voll von erhabenen Gedanken ... Sie gibt den Gefallenen und Schwachen Trost, eine sichere Zuflucht für die am Leben Zerbrochenen. Sie schützt die Buchten, wo die vom Sturm geschüttelten Seelen ausruhen können. Es ist das Evangelium der Kranken, Verwundeten, Sterbenden ... Aber ... Die erste und größte Wahrheit ist, diese schöne Welt, die uns Gott gegeben hat, auszunutzen. Die größte Sünde ist es, unnütz zu sein ... Es ist unsere Pflicht, die Feigen, die Untüchtigen, die Schwachen, die nichts (mit der Welt anzufangen wissen) hinwegzufegen und sie durch Starke und Nützliche zu ersetzen. Der Burmese hat zu viel Glauben. Er ist viel zu viel gehegt und gepflegt worden, und man hat ihm zu viel gepredigt. Er muss aufstehen und kämpfen. Er darf vor den Schlägen der Welt nicht zusammensinken und sich verstecken, sondern muss herauskommen zur Konfrontation. Er muss seine windelweichen Bande des Glaubens abschütteln und den natürlichen Krieger darunter entdecken. Er muss es lernen, roh und grausam zu sein, wenn notwendig zu zerstören, Schmerz zu verursachen und sich rücksichtslos durchzusetzen. Er muss lernen, mannhaft zu sein ... Das würde ihre Augen zu einer neuen Lebenssicht öffnen. Aber ihr Glaube steht ihnen dabei im Wege. (A People at School, London 1906, S. 253 f., 264)

Aus birmesischer Sicht vertraten die Engländer ein Naturrecht des Stärkeren, das sich gegen alle Kreatur durchzusetzen habe. Besonders verbittert reagierte man, als die Kolonialmacht in Mandalay streunende Hunde zu Tausenden vergiftete und Wälder für Reispflanzungen abgeholzt wurden, was dazu führte, dass die Reallöhne der Birmesen zwischen 1870 und 1930 um 20 % fielen. Dies alles zeigt, dass es durchaus eine buddhistische Sozialethik gibt, die auf Politik und Gesellschaft direkte Auswirkungen hat, die aber an Laien andere Anforderungen stellt als an Mönche. Die Ethik der Laien soll Bedingungen schaffen vor allem für die Überwindung des Anhaftens (an Besitz) im individuellen wie im sozialen Bereich; Tiere sind eingeschlossen.

Seit August 2007 sind in Myanmar auch zahlreich Mönche bzw. Klostergruppen politisch aktiv geworden. Beim Protest gegen die Militärdiktatur haben sich Mönche an öffentlichen Demonstrationen beteiligt, ja diese angeführt. Das Militär hat auf Mönche eingeschlagen und Klosteranlagen besetzt, was den Zorn der Volksmassen nur verstärkte. Es sollen bis zu tausend Mönche getötet worden sein. Schließlich trug der religiöse zivile Ungehorsam der Mönche mit dazu bei, dass die Militärjunta zurücktrat und nach freien Wahlen eine Zivilregierung eingesetzt wurde. Der stärkste Ausdruck des Protestes war die rituelle Verweigerung der Mönche, Spenden von Personen anzunehmen, die mit dem Militärregime verbunden waren.

In China haben die Kaiser den Buddhismus manchmal gefördert, manchmal ignoriert oder sogar brutal verfolgt, je nach den Interessen des Staates, die auch wirtschaftlicher Art waren. Buddhistische Klöster hatten es durch Spenden zu erheblichem Reichtum gebracht und waren als Machtzentren den Herrschern nicht selten ein Dorn im Auge. Die übliche Praxis des Staates war aber die minutiöse Überwachung der Klöster, und das gilt bis heute. Nicht selten gingen von politisch engagierten Buddhisten (vor allem den «Weißen-Lotos-Sekten» im 12.–15. Jahrhundert , die als Geheimbünde operierten) revolutionäre Bewegungen aus, die mit Bauernaufständen verbunden waren.

In Japan ging der Buddhismus mit Kaiser und/oder lokalen Fürsten jeweils Verbindungen ein, Großklöster übten unmittelbar politische Macht aus, wovon zahlreiche Mönche und auch klösterliche Institutionen stark korrumpiert wurden. Das führte zu Reformbewegungen, die den Buddhismus in Japan nachhaltig geprägt haben. Im 20. Jahrhundert kam es dann aber – nach Verfolgungen des

Buddhismus – zu einer Vermengung von nationalistisch-militaristischer Ideologie und Zen-Buddhismus, durch die sogar brutale militärische Gewalt von buddhistischen Lehrern gerechtfertigt wurde.

In Tibet kann man ein besonderes Wechselspiel von politischen und religiösen Kräften beobachten. Es handelt sich um die Durchsetzung einer Zentralisierung des Staats- und Gemeinwesens, denn auseinanderstrebende Stämme und Regionen hatten dieses riesige und dünn besiedelte Gebiet immer wieder auseinanderbrechen lassen. Eine größere kulturelle und politische Einheit entstand erst mit der Einführung des Buddhismus im 7./8. Jahrhundert durch die tibetischen Könige, die ein Transfer auch von Verwaltung, Schrift und Kultur (aus Indien) war und einen Zentralstaat schuf. Es besteht hier also eine enge Verknüpfung von Religion und Staat, ja, der Buddhismus wurde aus Staatsräson eingeführt und dann von Herrschern mit gegenläufigen Interessen im 9. Jahrhundert wieder verfolgt, bis er sich ab dem 11. Jahrhundert endgültig durchsetzen konnte. Die besondere Beziehung führender Lamas zu den mongolischen Militärherrschern seit dem 13. Jahrhundert war über Jahrhunderte von gegenseitigem Vorteil und stellt eine einzigartige Verbindung von Religion und Politik in Tibet und mongolischen Fürsten dar. Eine Folge davon ist die Institution des Dalai Lama seit dem 16. Jahrhundert als ein klassisches Beispiel der Verbindung von Religion und Politik.

Diese enge Verbindung von Religion und Politik gab es überall in der Geschichte des Buddhismus, ja die Trennung beider «Domänen» ist eine Errungenschaft Europas nach dem Dreißigjährigen Krieg, die sonst in der Welt unbekannt war – erst ab dem 18. Jahrhundert wurde die Trennung von Staat und Kirche in Europa und Nordamerika eingeleitet, bis heute allerdings keineswegs überall durchgesetzt. Religion stützt das Herrschaftssystem des Staates, und der Staat fördert die Religion, um Legitimation zu erhalten. Das ist auch in allen buddhistischen Ländern der Fall gewesen, und erst in jüngster Zeit hat sich diese Verbindung durch die antireligiöse kommunistische Herrschaft in China, Vietnam, Laos und Kambodscha und der Mongolei gelockert, wenngleich sie – auch in China – heute wieder enger wird.

86. Kann, wer nach Gleichmut strebt, gleichzeitig für Gerechtigkeit und Menschenwürde kämpfen? Einen guten Einblick in die buddhistische Grundhaltung gibt das von Mönchen, Nonnen, Laienanhängern und Laienanhängerinnen in der gesamten buddhistischen Welt häufig rezitierte Metta-Sutta, daraus seien einige Verse zitiert:

> Auch nicht im Kleinsten soll er sich vergehen,
> Wofür ihn andere, Verständige, tadeln möchten.
> Sie mögen glücklich und voll Frieden sein,
> Die Wesen alle! Glück erfüll' ihr Herz!
>
> Keiner soll den anderen hintergehen;
> Weshalb auch immer, keinen möge man verachten!
> Aus Ärger und aus feindlicher Gesinnung
> Soll Übles man einander nimmer wünschen!
>
> Wie eine Mutter ihren eigenen Sohn,
> Ihr einzig Kind mit ihrem Leben schützt,
> So möge man zu allen Lebewesen
> Entfalten ohne Schranken seinen Geist!

(Sn 1, 8, 143 ff. und Khuddakapatha 9,
zit. nach Nyanaponika, Sutta-Nipata, Konstanz 1955, 58 f.)

«Gleichmut» (skt.: *upeksha*, Pali: *upekkha*) bedeutet nicht, dass einem das Wohlergehen anderer gleichgültig wäre, sondern dass man ohne Eigeninteresse das eigene Wohlergehen und das anderer verfolgt. Es ist eine Haltung der Achtsamkeit und unvoreingenommenen liebenden Güte allen Lebewesen gegenüber. Aufgrund der Idealvorstellung, dass sich Mönche nicht in weltliche Angelegenheiten verstricken sollen, ist das oft rein geistig als wohlwollendes Denken und Fühlen verstanden worden, nicht aber als Handeln in der Gesellschaft. Heute wird es zunehmend anders gesehen, insbesondere in der Bewegung «Engagierter Buddhismus», zu der herausragende Religionsführer wie der Dalai Lama oder Thich Nhat Hanh gehören. Immer mehr Buddhisten weltweit engagieren sich auf ökologischem, ökonomischem und politischem Gebiet, um gerechtere gesellschaftliche Verhältnisse zu gestalten. Auch im japanischen Buddhismus streben die «neuen religiösen Bewegungen» Soka Gakkai und Rissho Koseikai (s. Frage 76) eine zugleich religiöse und politische Erneuerung an, und auch im Zen-Buddhismus hat um den Gelehrten und Zen-Meister Shin'ichi Hisamatsu (1889–1980) bald nach 1945 eine Bewegung des sozialen Engagements eingesetzt.

87. Hat der Buddhismus die Psychotherapie und Psychoanalyse beeinflusst? Bereits der deutsche Buddhist Lama Anagarika Govinda (Ernst Lothar Hoffmann, 1898–1985), der durch seine Bücher zum tibetischen Buddhismus weltberühmt wurde, hat von der «psychologischen Haltung der frühbuddhistischen Philosophie» gesprochen (s. Fragen 31–34). Auch der einflussreiche amerikanische Psychologe, Philosoph und Religionswissenschaftler William James (1842–1910) hat sich mit den im Buddhismus beschriebenen Bewusstseinszuständen befasst. Die «initiatische Leibarbeit» eines Karlfried Graf Dürckheim (1896–1988), der die Psychosomatik in Deutschland wesentlich mitgeprägt hat, ist von seinem Aufenthalt in Japan und dem Studium des Buddhismus geprägt. Für Erich Fromm (1900–1980) und seine Schüler hat der Zen-Buddhismus in Psychoanalyse und Psychotherapie eine große Rolle gespielt. Vor allem aber sind die Humanistische Psychologie (Abraham Maslow) und die Transpersonale Psychologie (Stanislav Grof, Ken Wilber, Charles Tart, Claudio Naranjo) ohne den Buddhismus nicht denkbar. Der Grund ist der, dass seit James veränderte Bewusstseinszustände (*altered states of consciousness*) nicht mehr als pathologisch abgetan, sondern als kreative Potentiale, die es zu entwickeln gilt, in den therapeutischen Prozess einbezogen werden. Solche Zustände werden im Buddhismus nicht nur beschrieben, sondern methodisch eingeübt. Aus diesem Grunde praktizieren Psychotherapeuten buddhistische Meditation, u. a. Zen, Vipassana oder tibetische Meditationsformen.

88. Warum wenden sich viele Naturwissenschaftler dem Buddhismus zu? Der Buddhismus setzt nicht auf metaphysische Spekulation oder Glauben, sondern auf das Experiment (mit Bewusstseinsformen), Beobachtung und Beschreibung. Er gründet in einer strengen Kausalitätstheorie, die als reziproke Kausalität (Karma) begriffen wird. Er vermeidet das Denken in Substanzen, sondern beschreibt Wirklichkeit als prozesshafte Entfaltung von Energien, die weder Anfang noch Ende hat. Der Buddhismus vermeidet dabei sowohl monokausale Erklärungen als auch starre Hierarchien, vielmehr beschreibt er die Kategorien von Raum, Zeit und Kausalität mit Begriffen, die evolutionstheoretisch kompatibel sind. Und er lehrt eine Erkenntnistheorie, die eine enge Verflechtung von Subjekt und Objekt anerkennt.

Die buddhistische Logik fußt darauf, dass alles in wechselseitiger Abhängigkeit (*pratityasamutpada*) entsteht und vergeht, das heißt, die Erscheinungen oder Dinge sind «leer» hinsichtlich der Bestimmung von «Eigenexistenz» (*svabhava*). Erst in der Relation entsteht aus der Leerheit, dem «Nichts», das, was sie sind (s. Frage 25), das, was wir als Wirklichkeit wahrnehmen und erkennen. Die Beziehung ist primär gegenüber der Substanz. Philosophen und Naturwissenschaftler, die an der Interpretation der Quantenphysik arbeiten, greifen deshalb nicht selten auch auf das buddhistische «Nichts» zurück.

Außerdem interessiert sich die Hirnforschung für die Theorie vom Nicht-Ich, die im Buddhismus grundlegend ist. Denn sie wird (meist) auch in der Neurobiologie vorausgesetzt, indem sie von neuronalen Netzen spricht, die sich selbst generieren und stabilisieren, ohne dass ein Schaltzentrum («Ich») angenommen werden müsste. Man untersucht inzwischen in Tausenden von Studien «Die Kraft der Meditation» (Sedlmeier 2016) und kommt zu erstaunlichen Ergebnissen der Wechselwirkung von körperlichen und geistigen Prozessen in beide Richtungen. «Außergewöhnliche Bewusstseinszustände» und eine «Psychologie der Grenzerfahrungen» (Wittmann 2015) werden mit Hilfe von Probanden beschrieben, die buddhistische Meditation praktizieren (Matthieu Ricard), und viele Hirnforscher experimentieren selbst mit buddhistischer Meditation (Wolf Singer, Tania Singer, Richard Davidson). Allerdings geht es hier fast immer um die Methode der buddhistischen Meditation, weniger um den Buddhismus als Religion. Der Buddhismus präsentiert sich nicht nur als kompatibel mit der Wissenschaft, er könnte vielleicht sogar zu Problemlösungen beitragen, die sowohl in der Quantenphysik als auch in den Neurowissenschaften mittels westlicher Denkmuster schwer deutbar sind, wie z. B. (generative) Komplementarität, Nicht-Lokalität, Emergenz (neuer Qualitäten), Korrelation (von Hirn und Geist), Synchronizität und Zeit.

89. Hat der Buddhismus eine Antwort auf die sozialen, politischen und ökologischen Probleme von heute? Wer oder was ist «der» Buddhismus? Die Frage ist eher, ob buddhistische Praxis heute Menschen inspirieren und befähigen kann, die notwendigen Fragen zu stellen, um Antworten und Handlungsstrategien für die gegenwärtigen ökologischen und sozialen Probleme zu präsentieren.

Nach buddhistischer Erfahrung ist das Leben, das wir führen, leidvoll, weil wir falsch leben. Gier und Hass sind die wesentlichen Triebkräfte für die ausbeuterische Zerstörung der Natur, anderer Menschen und unserer selbst. Diese wurzeln in der falschen Identifizierung mit einem unabhängigen Ich, das sich selbst zu stabilisieren versucht. Emotionen werden vor allem durch die meditative Ruhe positiv verändert, so dass sie konstruktiv den Zusammenhalt der Lebewesen fördern. Veränderte Motivation erlaubt eine Veränderung der Grundeinstellungen und des Verhaltens, denn dann wird die wechselseitige Abhängigkeit aller Erscheinungen nicht nur als Idee ins Bewusstsein treten, sondern als kognitiv-emotional-soziale Strategie das Leben des Einzelnen in der Gesellschaft sowie auch die Dynamik in der gesamten Gesellschaft verändern.

Wie sich dies auf die konkreten ökologischen und ökonomischen Strategien moderner Gesellschaften sowie ihre politischen Verfahrensprozesse auswirken kann, ist noch nicht klar. Da Handeln von der Triebstruktur gesteuert und von rationalen und emotionalen Motiven beeinflusst wird, muss es möglich sein, die genannten Folgen aus der Umkonditionierung des Bewusstseins gesellschaftlich relevant zu machen.

Dies geschieht tatsächlich weltweit in Initiativen, über die viel zu wenig bekannt ist. Um nur zwei Beispiele zu nennen: In den USA ist, ausgehend von der Emory University in Atlanta, ein Bildungsprogramm entwickelt worden, das vom Kindergarten über die Schulen und Universitäten bis in den Polizeiapparat und die Gefängnisse hinein ein langfristig angelegtes «Training in Empathie» ermöglichen und umsetzen soll. Es wird bereits in anderen Ländern übernommen. Wissenschaftliche Studien am Max-Planck-Institut für Kognitions- und Neurowissenschaften in Leipzig haben gezeigt, dass Effekte einer solchen Pädagogik messbar sind. Auch in Taiwan gibt es Initiativen (so z. B. die Ling Jiou Mountain Buddhist Society unter Dharma-Meister (Shifu) Hsin Tao), um den Buddhismus für die Überwindung globaler ökologischer und politischer Krisen fruchtbar zu machen.

90. Ist der Buddhismus die friedlichste aller Weltreligionen? Wie andere Religionen auch hat der Buddhismus eine Geschichte, die nicht frei von Gewalt ist. Könige, die sich zum Buddhismus bekannten, haben Kriege geführt, auch mit dem Ziel, den Buddhismus zu verbreiten und zu schützen (s. Fragen 81, 85). «Religionskriege» zwischen Konfliktparteien, die um die rechte Auslegung der Lehre kämpften, hat es aber kaum gegeben, doch haben buddhistische Institutionen wie Klöster auch durch ihre Publikationen bewaffnete Konflikte geschürt und mitgetragen. Noch heute sind buddhistische Institutionen immer wieder in nationalistische Auseinandersetzungen involviert. Gleichzeitig haben Buddhisten und buddhistische Institutionen von Anfang an zur Gewaltfreiheit aufgerufen. Gewaltlosigkeit ist oberstes Gebot, und die Praxis des Geistestrainings sieht in der Gewaltlosigkeit auf allen Ebenen des Lebens einen Maßstab für erfolgreiche Übung. Wie kaum eine andere Religion hat der Buddhismus Methoden entwickelt, Gewaltfreiheit und Friedfertigkeit im Bewusstsein des Menschen und in seinen Handlungsweisen zu etablieren.

91. Kann die weltweite Verbreitung des Buddhismus zu einem friedlichen Miteinander der Religionen beitragen? Verbreitung von Religion ist immer mit Verdrängung anderer Religion verbunden. Das führt zu Aggression, Hass und Gewalt. Heute kommt es eher darauf an, dass Religionen einander respektieren und voneinander lernen. Zweifelsohne kann der Buddhismus durch seine Methoden der Geistesschulung dazu beitragen, dass Menschen ihre Gedanken und Emotionen kontrollieren und gestalten lernen. Dies ist die Voraussetzung für Wechselseitigkeit in zwischenmenschlichen Beziehungen ohne Degradierung des Anderen und Selbstglorifizierung des je Eigenen. Eine solche Praxis kann und muss zum friedlichen Miteinander der Religionen beitragen. Der Buddhismus hat dazu wirkungsvolle psychologische und psychosoziale Mittel entwickelt. Heute praktizieren bereits viele Menschen, die Christen, Juden oder auch Muslime sind, nach diesen Methoden.

Verhältnis zu anderen Religionen

92. Wie verhält sich der Buddhismus zum Hinduismus? Der Buddha stammte aus einer Familie der Kshatriya (Könige, Verwaltungsbeamte) und beanspruchte religiöse Kompetenz, welche die Brahmanen als «Kenner des Veda» für sich in Anspruch nahmen. Der Buddhismus wurde also als Anmaßung empfunden. Vor allem die Aufhebung der Kastenschranken und die philosophische Einsicht, dass es kein beständiges Ich bzw. Selbst (*atman*) gebe, sowie die Erklärung, dass die heiligen Schriften der Vedas keine Offenbarungsqualität hätten, machten den frühen Buddhismus zum erklärten Gegner der brahmanischen Religion. Das, was dann später als «Hinduismus» bezeichnet wurde, existierte zur Zeit des Buddha noch nicht (s. Fragen 7, 8). Ob der frühe Buddhismus eher als Widerspruch oder als sozialdynamische Weiterführung des brahmanischen Systems oder aber als Bewegung aus ganz anderen Quellen interpretiert werden kann, ist in der heutigen Forschung umstritten. Wir wissen immer noch viel zu wenig, um belastbare Behauptungen aufstellen zu können – wie z. B. die moderne These, der Buddhismus sei eine Reaktion auf die Verschlechterung der Lebensumstände in der Stadt. Man kann ebenso für die gegenteilige Behauptung argumentieren, dass der Buddhismus eine Reaktion der sozialen Schicht von Händlern und dem prosperierenden Manufakturgewerbe gewesen sei, die sich vom brahmanischen System der Kastenabgrenzung durch Kontakt mit anderen emanzipieren mussten, um flexibel und mobil handeln zu können. Jedenfalls wurzelte der Buddhismus in einer Asketenbewegung und fand sehr schnell eine große Zahl von Anhängern vor allem in den Städten, unter ihnen auch Brahmanen, wie wir z. B. aus Spenden-Inschriften wissen. Die Bewegung setzte Maßstäbe und erhielt so viel sozialen Rückhalt, dass es mächtige Könige für ratsam hielten, den Buddhismus finanziell und logistisch zu unterstützen, obwohl sie in vielen Fällen durchaus noch im brahmanischen Ritual verwurzelt blieben.

Umgekehrt zeigt sich bei der Haltung der Buddhisten zur brahmanischen Religion ein differenziertes Bild. In den Suttas, den Lehrreden des Pali-Kanons, werden Rahmengeschichten für die Reden des Buddha konstruiert, in denen z. B. Brahmanen oder Anhänger des Jainismus auftreten. Dabei werden die Brahmanen keineswegs nur als Gegner dargestellt, die Jainas hingegen schon eher als Konkurrenz empfunden und deshalb abgewertet. An diesen Texten wird deutlich, dass andere religiöse Bewegungen unterschiedlich toleriert wurden und die Überlegenheit der buddhistischen Position, wenn auch nach jeweiligem Gegenüber differenziert, betont wurde.

In der späteren Geschichte Indiens gab es massive Polemik von hinduistischer Seite gegen Buddhisten. Man solle sie «mitsamt Greisen und Kindern» vom Himalaya bis zur Südspitze Indiens nicht nur vertreiben, sondern sogar töten – so wird es der Legende nach König Sudhavan in den Mund gelegt, der von Kumarila (7. Jahrhundert n. Chr.), dem berühmten Philosophen der Veda-Interpretation (Mimamsa), dahingehend beeinflusst worden sei. Auch für Shankara (s. Frage 8), den bedeutendsten Philosophen des Advaita Vedanta, einer nicht-dualistischen Philosophie, waren Buddhisten böswillige Verführer, die im Irrglauben gefangen und außerdem schlechte Logiker seien. In den legendären Überlieferungen der Puranas inkarniert sich der höchste Gott Vishnu als der Buddha (die 9. Inkarnation, *avatara*, vor der letzten nach der klassischen Lehre), aber nur, um diejenigen zum Unheil zu verführen, die es auf Grund ihres schlechten Karmas verdienen, also z. B. um die Dämonen und übelsten Menschen vom Veda-Studium abzuhalten.

Spätere indische Autoren wie Vacaspatimishra (10. Jahrhundert) argumentierten, dass der Missionserfolg der Buddhisten außerhalb Indiens als Beweis gesehen werden könne, dass diese Religion grundfalsch sein müsse, wenn sie von minderwertigen anderen Völkern (Mleccha) akzeptiert werde. Das hinderte allerdings die Hindu-Philosophen nicht, buddhistisches Gedankengut zu übernehmen – in der Bhagavad Gita und den Yoga-Sutras des Patanjali sowie in den späteren Upanishaden sind buddhistische Elemente erkennbar. So auch bei Shankara, der die Lehre von den zwei Wahrheiten vom Buddhismus übernahm und auch von Nagarjunas (bedeutender buddhistischer Philosoph im 2. Jahrhundert n. Chr.) Interpretationen der Leerheit (*shunyata*) und des Entstehens in wechselseitiger Abhängigkeit stark beeinflusst war. Angesichts dieser Gegnerschaft ist es erstaunlich, dass buddhistische Quellen zwar Widerspruch dokumentieren, von Hassrhetorik seitens der Buddhisten aber keine Rede sein kann. Etwa bis zum 9. Jahrhundert waren die philosophischen Debatten zwischen Buddhisten und Hindus um Logik, Erkenntnistheorie und religiöse Praxis von äußerster Scharfsinnigkeit und Schärfe, dann verebbte der Eifer: Der Buddhismus war mehr oder weniger vom Hinduismus absorbiert worden, und der Islam versetzte seiner Präsenz in Indien den Todesstoß.

Seit dem 19. Jahrhundert und besonders nach der Unabhängigkeit Indiens 1947 wird der Buddha jedoch immer mehr zu einer hoch geachteten Figur des nationalen Erbes, sein Symbol des Dharma-Rades (*dharmacakra*) ziert leicht abgewandelt die indische Staatsflagge, und Kaiser Ashokas Löwenkapitell ist nationales Symbol. Der Buddha wird zur literarischen Figur als Vorbild für die Integration von Tradition und Moderne in der Ethik und der Versöhnung von Rationalität und Humanismus mit der religiösen Tradition. Die Buddha-Legende wird in Tanzdramen (Kalakshetra, Chennai) aufgeführt und in Comic-Heften verbreitet. Die neo-buddhistische Bewegung Ambedkars (1891–1956), des «Vaters der Verfassung» und ersten Justizministers des unabhängigen Indien, vertritt einen sozialrevolutionären Buddhismus der Emanzipation für die Kastenlosen. Sie zählt etwa 3–4 Millionen Mitglieder. Die tibetischen Flüchtlinge in Indien sind meist gut integriert, und der Dalai Lama genießt hohes Ansehen unter den Hindu-Führern; alte Streitigkeiten um die Gültigkeit der Vedas oder philosophische Prinzipien wie das Nicht-Selbst (*anatman*) spielen in den interreligiösen Dialogen, die der Dalai Lama in Indien auch mit Hindus pflegt, keine Rolle.

Auch umgekehrt hat auf der Ebene der Volksfrömmigkeit Integration stattgefunden: In sehr vielen buddhistischen «Tempeln» Sri Lankas, die um einen Stupa oder einen Ableger des heiligen Bodhi-Baumes (Baum von Buddhas Erwachen) errichtet sind, haben hinduistische Gottheiten wie Vishnu und Shiva ihren Platz, sie werden von den buddhistischen Pilgern verehrt, man bringt ihnen Blumen- und Wasseropfer dar, besonders an jedem Vollmondtag (*poya*), um ihren Segen für Gesundheit, Schwangerschaft, Wohlstand und Glück bei Examina zu erwirken.

93. Wie verhält sich der Buddhismus zum Islam? Das Verhältnis dieser beiden Religionen ist historisch stark belastet (Schmidt-Leukel, Hg., 1998: 195–210). Im Zuge seiner Ausbreitung nach Osten stieß der Islam auf buddhistisch geprägte Kulturen im Osten des heutigen Iran, Afghanistans und Pakistans, aber auch in Zentralasien entlang der Seidenstraße. Diese Kulturen wurden schwer in Mitleidenschaft gezogen, teilweise gänzlich ausgelöscht. Höhepunkt und Menetekel dieses Untergangs ist die vollständige Zerstörung der im 5. Jahrhundert gegründeten buddhistischen Klosteruniversität von Nalanda im 12. Jahrhundert. Sie war für Jahrhunderte das Zentrum buddhistischer Gelehrsamkeit nicht nur für die Buddhisten in Indien, sondern auch für Tibet und China. Hier sollen bis zu 15 000 Mönche studiert und über 1000 Lehrer unterrichtet haben. Ein ähnliches Schicksal ereilte die zweite bedeutende buddhistische Klosteruniversität Vikramashila (gegr. um 800), die um 1200 von islamischen Armeen völlig zerstört wurde. Buddhisten wurden von den Muslimen nicht als «Besitzer des Buches» behandelt (wie Juden und Christen), sondern als Götzenanbeter (Polytheisten) und Atheisten, für den Islam gleich zwei der schwersten Vergehen. Entsprechend blieb den Buddhisten unter islamischer Herrschaft nur die Konversion zum Islam, der Gang ins Exil oder die Todesstrafe. Bereits aus der Mitte des 8. Jahrhunderts gibt es Berichte koreanischer Pilger, dass sie die vom Islam eroberten Gebiete im heutigen Afghanistan meiden würden, weil dort der Buddhismus zum Erliegen gekommen sei. Im buddhistischen Kalacakra-Tantra, dem letzten großen tantrischen System des Mahayana-Buddhismus, das im 9. Jahrhundert verfasst wurde und in Tibet (als Initiationstext des Dalai Lama) eine herausragende Rolle spielt, wird «Madhumati», ein Betrüger aus «Baghdad», erwähnt (gemeint ist Muhammad), der Verwüstung über die buddhistische Welt bringe. Buddhistische Gebiete würden durch den Sturm islamisch-persischer Truppen weiter vernichtet werden, und aus dem mythischen Reich Shambhala würden gerechte buddhistische Könige kommen, um dieser Vernichtung Einhalt zu gebieten.

Umgekehrt waren die Mongolen (teilweise) durch den Kontakt mit Tibet buddhistisch geworden. Die mongolische Expansion im 14. Jahrhundert brachte diese Form des Buddhismus nach Westen und bedrohte nun Gebiete, die islamisch geworden waren. Die Uighuren, in deren Reich einstmals der vorderorientalische Manichäismus Staatsreligion gewesen war, hatten inzwischen weitgehend den Buddhismus angenommen und wurden nun zwischen Buddhismus und Islam hin- und hergeworfen. In einem uighurisch-buddhistischen

Sutra aus dem 14. Jahrhundert (Insadi-Sutra) wird Muhammad als «Zerstörer» beschrieben und der Hoffnung Ausdruck verliehen, dass Maitreya, der Buddha der Zukunft, bald erscheinen und den Sieg über das Königreich von Baghdad, also den Islam, bringen möge. Islamische Texte wie das *Ta'rikh-i-Rashidi* rechtfertigen bis ins 17. Jahrhundert hinein den Jihad gegen die (buddhistischen) Uighuren als Glaubenspflicht, denn diese seien ein ungläubiges Volk.

Doch hat es auch fruchtbaren Austausch zwischen beiden Religionen gegeben, auf Seiten des Islams besonders in dessen mystischer Richtung, dem Sufismus. Bereits im 8. Jahrhundert weist die Lebensgeschichte des Mystikers Ibrahim Ibn Adham von Balkh deutliche Anklänge an buddhistische Vorbilder auf, und möglicherweise geht dies auf direkte Kontakte zwischen Buddhisten und Sufis zurück. Die Buddha-Legende (von den vier Ausfahrten, ebenso einige *Jatakas*) wird im 10. Jahrhundert von islamischen Schriftstellern aufgegriffen und für die Darstellung exemplarischen Lebens neu gedeutet, vor allem von dem Schiiten al-Sharastani um 1200. Hier werden namentlich die buddhistischen Tugenden des Nicht-Anhaftens, der Sanftmut und Geduld sowie die Spendenfreudigkeit als nahe verwandt mit den Idealen des Sufismus gelobt. An der Seidenstraße, vor allem in Kaschgar und Turfan, entstehen islamische Heiligenlegenden, die buddhistische Motive verarbeiten. In China haben im 15. Jahrhundert Klöster der Buddhisten und der Sufis nebeneinander bestehen können. Heutige Sufi-Gelehrte wie Idries Shah und J. Trimingham sehen Parallelen zwischen den Lehren des Sufismus und des Mahayana-Buddhismus.

Die gegenwärtige Situation ist schwer zu beurteilen. Im März 2001 zerstörten die islamistischen Taliban in Afghanistan die großartigen und unschätzbar wertvollen Buddha-Statuen von Bamian, und der Konflikt in der Region spitzt sich zu. In Südostasien und Sri Lanka existieren Buddhismus und Islam seit langem mehr oder weniger friedlich nebeneinander, befinden sich aber neuerdings auch auf Konfrontationskurs. Malaysia wird zunehmend islam(ist)isch regiert, die Minderheit der chinesischen Buddhisten wird dabei an den Rand gedrängt. In Südthailand gibt es eine zunehmend militante islamische Minderheit, die sich ethnisch vorwiegend aus Malaien rekrutiert. Es kommt zu blutigen Anschlägen bis nach Bangkok, der Dialog zwischen beiden Religionen ist fast völlig verstummt. In

Sri Lanka hat der lange Bürgerkrieg zwischen (hinduistischen) Tamilen und (buddhistischen) Singhalesen zur Bewaffnung von Extremisten auf beiden Seiten geführt. Auch die Muslime werden nun von internationalen islamischen Organisationen finanziert und gründen eher fundamentalistisch orientierte Koranschulen, die auf Konfrontation, nicht auf Dialog setzen. Besonders schwierig ist die Situation in Myanmar. Während der britischen Kolonialherrschaft über Indien (Bengalen und Birma gehörten zum britischen Kolonialreich) wurden Menschen als billige Arbeitskräfte aus Bengalen ins Land geholt, die seit der Unabhängigkeit vor allem im Bundesstaat Rakhine leben. Sie werden nicht als Staatsbürger anerkannt und müssen deshalb soziale Nachteile hinnehmen. Ethnische Minderheiten kämpfen seit 1948 im Norden und Osten des Staatsgebietes von Myanmar (hier leben viele im 19. Jahrhundert zum Christentum bekehrte Stammesangehörige) für die Unabhängigkeit vom birmanisch-buddhistischen Staat, in dem das Militär bis heute eine starke Rolle spielt. Einige buddhistische Würdenträger unterstützen den nationalistisch motivierten Kampf gegen die Muslime an der Westküste und der Grenze zu Bengalen, in dem es auch zu Massakern der Armee kommt. Die meisten Buddhisten und Klöster aber beten um Frieden. Es ist keineswegs klar, welche ausländischen Mächte aus ökonomischen und strategischen Erwägungen an einer Destabilisierung der Region Interesse haben und die Konflikte schüren. Ein buddhistisch-islamischer Konflikt ist dies eher nicht, vielmehr geht es um ethnische und wirtschaftliche Dominanz in Gebieten, die wegen ihres Reichtums an Rohstoffen bzw. für den Umschlag von Rohstoffen (Öl und Gas) von Bedeutung für die Großmächte sind. Die Religionen werden instrumentalisiert.

Internationale Dialoge für den islamisch-buddhistischen Dialog werden von buddhistisch oder buddhistisch inspirierten Organisation ebenso wie von islamischen Inter-Faith-Aktivisten organisiert, so eine Konferenz 2014 in Teheran mit Delegierten aus Sri Lanka, Thailand, Myanmar, Malaysia und Indonesien. Besonders die tibetischen Buddhisten unter Führung des Dalai Lama bemühen sich um diesen Dialog, zumal in der Himalaya-Region (Ladakh) Muslime und Buddhisten nebeneinander leben. Es geht weniger um theologische Fragen als vielmehr um die Praxis der Gewaltfreiheit. Auch die Global Family for Love and Peace hat unter der Führung des taiwanesischen Zen-Meisters Hsin Tao (Ling Jiou Mountain Society) einen jahrelangen buddhistisch-islamischen Dialog gepflegt. Im Westen, vor allem dort, wo Buddhisten und Muslime in engster Nachbarschaft zusammenleben, wie etwa in London, gibt es regulären Austausch zwischen dem «London Buddhist Vihara» und dem «Muslim College». Beide Organisationen treten gemeinsam für die Rechte von Flüchtlingen und die gewaltfreie Lösung von Konflikten im Zusammenleben der verschiedenen Religionen und Ethnien ein.

94. Wie verhält sich der Buddhismus zum Christentum? Der Buddhismus hat das frühe Christentum beeinflusst, namentlich in Alexandria, wo «die Väter der christlichen Theologie» Clemens und Origenes (2. Jahrhundert) wirkten. Clemens erwähnt die Anwesenheit von Buddhisten, die er wegen ihrer hohen Moral schätzt. Doch schon in der Griechischen Bibel (Neues Testament) finden sich Einflüsse aus dem Osten (z. B. das Gleichnis vom verlorenen Sohn bei Lukas), die möglicherweise direkt aus dem Buddhismus stammen. Das frühchristliche Mönchtum trägt Spuren buddhistischen Einflusses, zum größeren Austausch beider Religionen ist es in hellenistischer Zeit allerdings nicht gekommen. In uighurischen Gebieten an der Seidenstraße kam es seit dem 4. Jahrhundert zur Begegnung beider Religionen, nach allem, was wir wissen, mit gegenseitigem Respekt und so, dass man mit einer gewissen Neugier Religionskonzepte der jeweils anderen Seite und ikonographische Muster für die eigenen Religionsformen übernahm. Dies setzte sich um 635 n. Chr. fort, als der ostsyrische nestorianische Mönch Alopen nach China kam und dort mindestens ein christliches Kloster gegründet wurde. Zu weiteren Begegnungen kam es in Zentralasien im 13. Jahrhundert, als Franziskaner, Kapuziner und später auch die Jesuiten dort zu missionieren begannen. Seit dem 15. Jahrhundert missionierten die Portugiesen in Ceylon und später Ostasien, es kam zu Konfrontationen, in Japan auch zu Christenverfolgungen unter Toyotomi Hideyoshi (1537–1598), die politisch motiviert waren. Man erkannte die Gefahren des Kolonialismus. Als die Portugiesen versuchten, die ceylonesische buddhistische Gesellschaftsstruktur zu zerstören, reagierten die Buddhisten erstaunlich gelassen, Widerstand formte sich erst allmählich. Die folgende Geschichte ist vom europäischen Kolonialismus geprägt, und dieser hat in allen buddhistischen Ländern tiefe Spuren hinterlassen, die aber erst gegen Ende des 19. Jahrhunderts zu antichristlicher Polemik führten, vor allem in Ceylon und in Japan. In Ceylon wurden theologische Debatten inszeniert (berühmt die Debatte 1873 in Panadura), wodurch die Buddhisten Selbstvertrauen gewannen, das dann den antikolonialen (und auch antichristlichen) Befreiungskampf stärkte. Die Polemik der Buddhisten gegen das Christentum wurde meist sachlich, aber mit scharfen Argumenten (auch aus den modernen Wissenschaften) geführt. Ähnliches ereignete sich in allen buddhistischen Ländern, in manchen Theravada-Ländern (Sri Lanka, Myanmar, Laos, weniger in Thailand) ist die Skepsis gegenüber dem Christentum noch spürbar.

Buddhisten argumentieren, dass ihre Sicht der Dinge nicht auf Glauben, sondern auf Wissen beruhe. Das Christentum habe zwar in sozialen Diensten (medizinisches System und Bildung) Großes geleistet, aber in der Kenntnis des menschlichen Geistes und der Praxis seiner Kultivierung sei es dem Buddhismus unterlegen. Buddhisten in Europa und Amerika sind fast immer motiviert zum Dialog mit Christen, vor allem mit den mystischen Traditionen des Christentums. Katholische Orden übernehmen buddhistische Meditationspraktiken, buddhistische Lehrer unterrichten in katholischen Häusern. Der weltweit hoch geschätzte Dalai Lama engagiert sich aktiv und wertschätzend im Dialog mit Christen (und allen anderen Religionen) auf ethischer, sozialer und philosophischer Ebene.

95. Gibt es die Zehn Gebote auch im Buddhismus? Nein, die Zehn Gebote sind ein wesentlicher Bestandteil der Religionsgeschichte Israels, die sich zum Monotheismus hin entwickelt hat, und sie ergeben deshalb in einem buddhistischen Kontext, der nichtmonotheistisch ist, nur unter erheblichen Umdeutungen Sinn. Freilich gibt es in den ethischen Gesichtspunkten Parallelen, die vielleicht als anthropologische Universalien verstanden werden können. Sie finden ihren Niederschlag in den fünf Tugenden (*pancashila*), die für jeden Buddhisten verpflichtend sind (s. Frage 68).

Es sei darauf hingewiesen, dass das Zweite Gebot der Hebräischen Bibel vom Christentum nur in abgeschwächter Form für gültig gehalten wird, nämlich: «Du sollst dir kein Bildnis noch irgendein Gleichnis machen», und zwar weder von überirdischen noch irdischen Dingen; nichts dergleichen darf «angebetet» werden (Ex 20,

4–5). Wenn man das nicht nur auf Bilder aus Stein, Holz oder Metall bezieht, sondern auch auf mentale Bilder und Vorstellungen, so ist der Buddhismus hier geradezu Meister dieses Gebotes. Denn es gibt zwar Statuen und Bilder des Buddha und der Bodhisattvas in Hülle und Fülle (allerdings nicht im frühen Buddhismus!), aber der Buddhismus hat immer wieder darauf hingewiesen, dass alle optisch wahrnehmbaren oder akustischen oder mentalen Bilder eben nur Bilder, menschliche Projektionen sind. Buddhistische bildlose Meditation (vor allem im Zen) bedeutet, alle Bilder und Vorstellungen hinter sich zu lassen und eine Bewusstseinsebene zu erreichen, die «Offene Weite» ist.

96. Gibt es einen Unterschied zwischen christlicher Nächstenliebe und buddhistischem Mitgefühl? Weder christliche Nächstenliebe (*agape*) noch buddhistisches Mitgefühl (*karuna*) sind klar definiert. Beide sind nicht nur «Seelenzustände» oder innere Stimmungen, sondern «aktive heilende Hinwendung zu allen Wesen». Dies geht aus der erzählenden Literatur, insbesondere aus den Geschichten über die früheren Leben des Buddha (*Jatakas*) und auch aus den Heiligenlegenden hervor. Beide Begriffe meinen ein nicht-egozentriertes Bewusstsein und das daraus folgende Handeln. Beide enthalten die kognitive, die emotionale und die soziale Dimension. Heute unterscheidet man gelegentlich zwischen Mitgefühl/Empathie und Mitleiden, aber dies trifft auf die Praxis von Agape ebenso zu wie auf Karuna. Empathie ist die Fähigkeit, sich in einen anderen hineinzuversetzen und etwa dessen/deren Schmerz so zu empfinden, dass sich (fast) die gleichen Zustände des Bewusstseins einstellen wie bei jenem, der den Schmerz empfindet; dies lässt sich empirisch nachweisen durch Beobachtung der neuronalen Aktivität. Mitleiden ist ein allgemeinerer Zustand, bei dem der Mensch tatsächlich ohne Distanz in die Situation des anderen eintritt. Je nach Situation unterliegt das eine und/oder das andere dem Willen, der die Aufmerksamkeit lenkt. Solche Vorgänge zu durchschauen und mental zu steuern, prägt die jahrhundertelange Praxis (vor allem der Mönche und Nonnen) im Buddhismus. Sie ist im Christentum auch bekannt (etwa in der «Seelenführung» durch den Spiritual/die Spiritualin in Klöstern), in der Systematik aber weniger ausgeprägt als im Buddhismus.

97. Unterscheiden sich Seele (Christentum) und Bewusstsein (Buddhismus) voneinander? Beides sind keine klaren Begriffe. Was Seele (*anima*) im Christentum bedeutet, ist je nach theologischer Tradition und Zeitalter durchaus verschieden. Bereits in der Griechischen Bibel haben wir (auf hebräischem und griechisch-philosophischem Hintergrund) mehrere Begriffe, die später als «Seele» aufgefasst wurden. So ist die Seele als unsterbliches «Etwas» im Unterschied zum «Leib» als sterbliches «Etwas» ein Konzept der griechischen Antike, nicht aber ein biblisches. Gleichwohl hat die «unsterbliche Seele» die gesamte europäische Religions- und Kulturgeschichte geprägt. Heute wird der Begriff eher vermieden, weil er nicht klar genug ist, er hat aber ästhetische und psychologische Konnotationen, die verloren gingen, wenn man den Begriff der Seele fallen lassen würde. Bewusstsein klingt moderner, aber auch hier ist die Frage, was dies denn sei. Man kann eher von bewussten Prozessen sprechen, aber ein mit sich selbst identisches Bewusstsein, das Kohärenz hätte und als ein «Etwas» begriffen werden sollte, ist schwer zu denken.

Auch der Buddhismus (Fragen 31–34) spricht von Bewusstseinsebenen und -faktoren und -prozessen, vielleicht von einer tiefsten Bewusstseinsebene (*citta* oder *alayavijnana*), aber nicht von «dem» Bewusstsein, schon gleich gar nicht von einem substantiellen «Ich», das Träger dieses Etwas wäre. Noch schwieriger stellt sich das Problem im Chinesischen (und davon abgeleitet im Japanischen und Koreanischen) dar, wo der Begriff «*hsin*» mit «Bewusstsein» übersetzt wird, ohne dass eine befriedigende Definition möglich wäre, weil die funktionalen Prozesse höchst unterschiedlich konfiguriert werden können.

98. Was ist der Unterschied zwischen «Buddha-Natur» und «Christus-Bewusstsein»? Buddha-Natur ist die allen Lebewesen (nicht nur den Menschen) gegebene Potentialität, Buddha zu werden, d. h., zum vollkommenen Erwachen des Geistes zu gelangen und das Nirvana zu erreichen. Christus-Bewusstsein meint heute meistens den Zustand, vollkommen von der Hingabe und Liebe Christi erfüllt zu sein. Man identifiziert sich mit Christus, so wie das Bild von ihm in der Griechischen Bibel gezeichnet wird und wie es die Überlieferung geprägt hat. Dabei entstehen innere Bilder, vielleicht auch Klänge, der Mensch lässt sich in allem von diesem Inbild bestimmen. Die kognitiven Impulse und emotionalen Bewertungen des Individuums werden von diesem Christus-Bewusstsein überformt, das an keinerlei Grenzen gebunden ist und auch keine Religionsschranken kennt: Wer immer in diesem Bewusstsein lebt, lebt in Christus und damit in Gott, so das Johannes-Evangelium (Joh 10,30; 15,1–8 u. a.) und auch Paulus (Röm 8,11, Gal 2,20).

99. Meister Eckhart gilt vielen als «Brücke» zwischen Christentum und Zen. Wie ist das zu verstehen? Meister Eckhart (um 1260–1327) ist in seinen lateinischen Werken Kind seiner Zeit und von der ausgeformten Ontologie der mittelalterlichen Philosophie geprägt, und das hat nichts mit Zen zu tun. In seinen deutschen Predigten und Traktaten gilt er als der Protagonist christlicher Mystik schlechthin, d. h. der Überwindung der Trennung von Gott und Welt, von göttlichem Geist und menschlicher Seele. Auch Zeit konzentriert sich auf den jetzigen Augenblick, der allein wahr ist, die vollkommene Fülle aller Zeiten in sich enthält und keinen Mangel der Verflüchtigung kennt (das *nunc stans*, das «stehende Jetzt»). Dies ist eine innere Erfahrung. Die historische Geburt Jesu in Bethlehem sei nutzlos, wenn nicht Christus in jedem Augenblick in der Seele geboren werde. Gute Taten könnten nicht dazu führen, dass ein Mensch gut oder besser wird, sondern der Mensch in seinem von Gott erfüllten Seinszustand tue automatisch und aus innerer Fülle das Gute. Der inwendige Mensch ist der vollkommen vom göttlichen Bewusstsein überformte Mensch. Es gibt keinen Unterschied zwischen Gott und einem Bewusstsein, das in dieser Intensität lebt.

Im Einzelnen bedarf es freilich einer genauen Lektüre, um herauszufinden, was Eckhart meint. Seine Sprache in diesen Texten ist seelsorgerlich, nicht philosophisch-systematisch. Er bezaubert mit poetischen Bildern, die die Wahrnehmung lenken sollen, sie sind also ästhetisch, nicht abstrakt theologisch. Diese Aussagen lassen sich kaum auf eine «Position» reduzieren. Sie sind unerschöpflich.

Genau dies macht die Geistesverwandtschaft mit dem Zen aus. Sprache und Begriffe sind hier Deutsch, dort Chinesisch und Japanisch. Die zugrunde liegende Denkform (und wohl auch Erfahrung) ist nicht-dualistisch mystisch, und daraus ergeben sich verblüffende Ähnlichkeiten, die in der Tat eine Brücke darstellen.

100. Ist «Erlösung» im Buddhismus etwas anderes als im Christentum? Erlösung im Christentum ist die Befreiung aus der gottfernen Existenz (Sünde), Befreiung im Buddhismus ist die Erlösung von Unwissenheit, Gier und Hass. Beide sind nicht identisch, können aber aufeinander bezogen werden. Der Buddhismus argumentiert mit Hinweisen auf die Kultivierung eines anderen Bewusstseins, das als grundsätzlich entwicklungsfähig gilt. Das Christentum argumentiert mit der heilenden Gegenwart Gottes, die eine Umkehr des gesamten Bewusstseins zu Gott (*metanoia*) ermöglicht. Aber wer oder was «kultiviert», wenn es letztlich kein Ich gibt, und was heißt «Umkehr zu Gott»? In beiden Fällen geht es um die nicht von egozentrischen Absichten gesteuerte Erweckung der Potentiale, die im menschlichen Leben noch nicht verwirklicht sind. Christen deuten dies meist als ein Geschehen, das von außen kommt und sich auf Gott als einen Anderen, ein Gegenüber bezieht. Buddhisten deuten dies meist als einen bewusstseinsinternen Prozess, der das Gegenüber von «innen» und «außen» überwindet. Die Sprache stößt hier an ihre Grenzen, die Bilder können in die Irre führen. Mystiker aller Zeiten, auch im Christentum, haben dies sehr deutlich ausgesprochen. Buddhisten und auch christlichen Mystikern geht es um die Praxis, weniger um theoretische Abgrenzungen, obwohl gerade diese durchaus psychologischen Einfluss auf die Praxis haben können. Im Dialog zwischen beiden Religionen während der letzten Jahrzehnte ist an diesen Fragen viel wechselseitiges Verstehen gereift.

101. Können Christen auch Buddhisten sein und umgekehrt? Seit der Goethezeit ist die Faszination für «den Osten» aus der deutschen und europäischen Kultur nicht mehr wegzudenken, durch Arthur Schopenhauer, Richard Wagner und Friedrich Nietzsche ist es besonders der Buddhismus, der als Alternative und/oder Ergänzung zu den christlichen Traditionen Bedeutung gewinnt. Für Nietzsche ist der Mensch, der verschiedene Kulturen durchlebt, ein «polyphones Subjekt». Kann man in beiden Welten gleichzeitig leben?

In China und anderen ostasiatischen Ländern stand der Buddhismus in Konkurrenz zum Daoismus und Konfuzianismus. Und es gab Epochen des exklusiven Gegensatzes, der Verfolgung des Buddhismus als einer Fremdreligion, die in China keinen Platz habe. Allerdings hat sich ein anderes Modell durchgesetzt: das der Ergänzung und des Inklusivismus. Spätestens in der Sung-Zeit (960–1279) integrierten die rivalisierenden Traditionen einander: So, wie ein Dreifuß nicht auf einem oder zwei Beinen stehen könne, so seien auch die drei großen Religionen aufeinander angewiesen und würden sich wechselseitig ergänzen. Die Religionen verschmolzen (weitgehend, aber nicht total) zu einer Synthese, man konnte und kann durchaus praktizierender Buddhist und gleichzeitig Konfuzianer sein. Buddhismus und Daoismus waren ohnehin schon in der Tang-Zeit (618–907) miteinander eng verwoben, und die wohl bedeutendste Frucht dieser Verbindung ist das Ch'an (Zen).

Das Christentum war im 7. Jahrhundert an der Seidenstraße und in China gewaltfrei auf den Buddhismus getroffen, und es kam zu wechselseitiger Übernahme von Ideen, Kunstformen und rituellen Praktiken. Das heißt aber nicht, dass man Buddhist und Christ zugleich gewesen wäre. Besonders in Zeiten des Aufeinandertreffens von politischen Kräften, die mit militärischer Gewalt Dominanz zu gewinnen suchten und auch die Religion dafür benutzten (Japan im 16. Jahrhundert, China, Sri Lanka und Südostasien im 16.–20. Jahrhundert), war eher Abgrenzung angesagt. Auch wenn man die Kultur des jeweils Anderen schätzen konnte, wie die britischen Gelehrten, die nicht selten vor ihrem Engagement für philologische und historische Asien-Studien im British Civil Service und der British East India Company gedient hatten, oder die japanischen Intellektuellen in und nach der Meiji-Zeit (1868–1912), die sich an Europa orientierten, so war es doch undenkbar, beiden Religionen gleichzeitig angehören zu wollen.

Die Ausrufung einer «religiösen Doppelbürgerschaft» für Christen ist ein Phänomen des 20. und 21. Jahrhunderts, wo sich beide Religionen auf Augenhöhe und unabhängig von national(istisch)en Interessen begegnen, in Europa, Nordamerika, Australien, neuerdings auch in Israel und Südamerika. Christen (durchaus auch institutionell arbeitende katholische Orden wie die Benediktiner, Franziskaner und Jesuiten) übernehmen nicht nur buddhistische Meditationspraktiken, sondern wollen auch buddhistisch denken und leben lernen, ohne doch gleichzeitig ihre christlichen Wurzeln zu verleugnen; sie wollen beides integrieren. Umgekehrt gibt es auch Buddhisten, meist vormals christlich oder im Judentum sozialisiert, die nicht nur christliche Kulturstandards und ethische Normen übernehmen, sondern auch ein emotionales und kultisches Verhältnis zur christlichen Tradition pflegen. Es kommt zur *communio in sacris* (Gemeinschaft in den heiligen Ritualen). Man kann institutionell Mitglied einer der Kirchen sein *und* die buddhistische Zufluchtsformel gesprochen haben, also formell Buddhist sein. Der Buchtitel «Ohne Buddha wäre ich kein Christ» stammt von dem renommierten amerikanischen katholischen Theologen Paul F. Knitter (2009).

Ist das intellektuell und emotional nachvollziehbar? Es kommt darauf an, was man unter Religion versteht. Meistens wächst man in einer Religion auf und wählt später aus Faszination eine andere hinzu, die dann auf dem Hintergrund der Mutterreligion verstanden und interpretiert wird. Es ist ähnlich wie das Erlernen von Sprachen: Man wächst in einer Muttersprache auf und lernt später eine oder mehrere Fremdsprachen hinzu. Und obwohl man die Fremdsprache vielleicht besser und bewusster sprechen kann als die Muttersprache, ist und bleibt doch die Muttersprache der ursprüngliche Rahmen, in den sich das Neue - unbewusst und bewusst - einordnet. Man spricht zwei Sprachen oder gehört zu zwei Religionen also nicht ganz im selben Sinne. Man ist nicht halb dies und halb das, sondern lernt, beides hundertprozentig im Horizont des Anderen tiefer zu erleben, zu verstehen und zu praktizieren. Anders als bei Sprachen gibt es bei Religionen allerdings direkte kognitive Widersprüche - etwa dann, wenn für das Christentum die Lehre vom Schöpfergott zentral ist und der Buddhismus einen solchen Gott ablehnt. Ein *sacrificium intellectus*, eine Aufopferung der intellektuellen Redlichkeit? Nicht unbedingt, denn der Glaube an einen allmächtigen und liebenden Schöpfergott ist in sich widersprüchlich und von christlichen Theologen äußerst subtil interpretiert worden, und nicht an einen Gott zu glauben ist für die Buddhisten zwar selbstverständlich, aber was das bedeutet und ob die Nichtexistenz Gottes bewiesen werden kann, bleibt letztlich auch im Buddhismus offen. Und das auch dann, wenn beide Seiten von der Überlegenheit ihrer jeweiligen Position überzeugt sind. Der intellektuelle Dialog hat auf beiden Seiten eine erstaunliche Kraft gewonnen und neue Denkformen etabliert, die äußerst spannend und zukunftsweisend sind. Dass Menschen Christen und Buddhisten zugleich sind, ist nicht nur möglich, sondern eine vielfach gelebte Tatsache. Was das für beide Religionen in Zukunft bedeutet, wird sich erst noch zeigen.

Literaturhinweise

Quellen

AN	Anguttara-Nikaya
DN	Digha-Nikaya
MN	Majjhima-Nikaya
SN	Samyutta-Nikaya
Sn	Sutta-Nipata
Vin	Vinaya

Literatur

Bechert, H.: Der Buddhismus in Süd- und Südostasien. Geschichte und Gegenwart, Stuttgart: Kohlhammer 2013.

Bechert, H. / Gombrich, R. (Hg.): The World of Buddhism, London: Thames and Hudson. (deutsch: Der Buddhismus. Geschichte und Gegenwart, München: C.H.Beck 2002).

Brück, M. v.: Ein Universum voller Gnade. Die Geisteswelt des tibetischen Buddhismus, Freiburg: Herder 1987.

–: Weisheit der Leere. Sutra-Texte des indischen Mahayana-Buddhismus, Zürich: Benziger 1989.

–: Religion und Politik in Tibet, Frankfurt a. M.: Verlag der Weltreligionen 2008.

–: Einführung in den Buddhismus (mit ausführlichen Literaturangaben, auch zu den Quellen), Frankfurt a. M.: Verlag der Weltreligionen 2007.

–: Zen. Geschichte und Praxis, München: C.H.Beck 2016 (3. Aufl.)

– /Lai, Wh.: Buddhismus und Christentum. Geschichte, Konfrontation, Dialog, München: C.H.Beck 2000 (2. Aufl.).

– / Zender, H.: sehen – verstehen – SEHEN. Meditationen zu Zen-Kalligraphien, Freiburg: Karl Alber 2019.

Bumbacher, S. P., Buddhismus in China, in: Hutter, M. (Hg.), Der Buddhismus III. Ostasiatischer Buddhismus und Buddhismus im Westen, Stuttgart: Kohlhammer 2018, S. 15–198.

Buswell, R. E.: Encyclopedia of Buddhism. 2 Bd., New York: Macmillan Reference 2004.

Conze, E.: Der Buddhismus. Wesen und Entwicklung. Stuttgart: Kohlhammer 1995 (10. Aufl.).

Dalai Lama XIV.: Logik der Liebe, herausgegeben von Jeffrey Hopkins, über-

setzt und eingeleitet von Michael von Brück, München: Dianus-Trikont 1986.
Falk, H.: Asokan Sites and Artefacts: A Source-Book with Bibliography, Mainz: Verlag Philipp von Zabern 2006.
Fischer, S. K. Y.: Erzähltradierung als Interpretationsprozess. Eine diachrone Analyse zweier staatlicher Buddhismus-Religionsbücher aus Sri Lanka, Wiesbaden: Harrassowitz 2011.
Freiberger, O. / Kleine, Chr.: Buddhismus. Handbuch und kritische Einführung (mit ausführlichen Literaturangaben auch zu den Quellen), Göttingen: Vandenhoeck & Ruprecht 2015 (2. Aufl.).
Gombrich, R.: Der Theravada-Buddhismus, Stuttgart: Kohlhammer 1997.
Gross, R.: Buddhism after Patriarchy: A Feminist History, Analysis and Reconstruction of Buddhism, Albany: SUNY 1993.
Halbfass, W.: Karma und Wiedergeburt im indischen Denken, München: Diederichs 2000.
–: Indien und Europa. Basel/Stuttgart: Schwabe 1981.
Harvey, P.: In Introduction to Buddhism: Teachings, History and Practices, Cambridge: Cambridge Univ. Press (repr.) 1998.
–: An Introduction to Buddhist Ethics: Foundations, Values. Issues, Cambridge: Cambridge University Press 2000.
Keown, D.: The Nature of Buddhist Ethics, New York: Palgrave 2001 (zuerst 1992).
–: A Dictionary of Buddhism. 2000 Entries, Oxford, 2004: Oxford Univ. Press (deutsch: Lexikon des Buddhismus, Düsseldorf: Patmos 2005).
– (Hg.): Contemporary Buddhist Ethics, Richmond: Curzon 2005.
Kleine, Ch./Li, Xuetao/Pye, M.: A Multilingual Dictionary of Chinese Buddhism, München: Iudicium 1999.
Klimkeit, H.-J.: Der Buddha. Leben und Lehre, Stuttgart: Kohlhammer 1990.
Nakamura, H.: Die Grundlehren des Buddhismus, ihre Wurzeln in Geschichte und Tradition, in: Dumoulin, H. (Hg.), Buddhismus der Gegenwart, Freiburg: Herder 1970.
Nyanatiloka: Buddhistisches Wörterbuch, Konstanz: Christiani 1989 (4. Aufl., zuerst 1952).
Mylius, K. (Hg.): Die vier edlen Wahrheiten. Texte des ursprünglichen Buddhismus, München: dtv 1991.
Ott, U.: Meditation für Skeptiker. Ein Neurowissenschaftler erklärt den Weg zum Selbst, München: O. W. Barth 2010.
Pye, M.: The Buddha, London: Duckworth 1979.
Reps, P. (Hg.): Ohne Worte – ohne Schweigen, 101 Zen-Geschichten und andere Zen-Texte aus vier Jahrhunderten, München: Scherz 1987.

Roloff, C.: Ordination und Ämter von Frauen im Buddhismus. Die Erneuerungsbewegung buddhistischer Nonnenorden, in: Ökumenische Rundschau 66 (4/2017), S. 567–579.
Schlieter, J.: Buddhismus zur Einführung, Hamburg: Junius 2001 (2. Aufl., zuerst 1997).
Schmidt-Leukel, P. (Hg.): Wer ist Buddha?, München: Diederichs 1998.
–: Understanding Buddhism, Edinburgh: Dunedin Academic Press 2006 (deutsch: Buddhismus verstehen, Gütersloh: Gütersloher Verlagshaus 2017).
Schmithausen, L.: Buddhism and Nature: The Lecture delivered on the Occasion of the EXPO 1990. An Enlarged Version with Notes, Tokyo: The International Institute for Buddhist Studies, 1991.
–: The Early Buddhist Tradition and Ecological Ethics, Journal of Buddhist Ethics 4, 1997.
Schumann, H. W.: Der historische Buddha, München: Diederichs 1988.
–: Buddhismus. Stifter, Schulen und Systeme, Olten/Freiburg: Walter 1978 (2. Aufl.).
Sedlmeier, P.: Die Kraft der Meditation. Was die Wissenschaft darüber weiß, Reinbek bei Hamburg: Rowohlt 2016.
Seitz, G.: Die Bildsprache des Buddhismus. Düsseldorf: Patmos 2006.
Winter, S.: Zen. Bibliographie nach Sachgebieten, Frankfurt am Main: Lang 2003.
Wittmann, M.: Wenn die Zeit stehen bleibt. Kleine Psychologie der Grenzerfahrungen, München: C.H.Beck 2015.
Zotz, V.: Buddha, Reinbek: Rowohlt 1991.
–: Geschichte der buddhistischen Philosophie, Reinbek: Rowohlt 2003.

101 Fragen zum Thema Religion

Bernhard Lang
Die 101 wichtigsten Fragen:
Die Bibel
2013. 160 Seiten mit 18 Abbildungen. Paperback

Johann Hinrich Claussen
Die 101 wichtigsten Fragen:
Christentum
4., durchgesehene Auflage. 2016. 150 Seiten mit 12 Abbildungen
Paperback

Jörg Rüpke/Ulrike Rüpke
Die 101 wichtigsten Fragen:
Götter und Mythen der Antike
2010. 160 Seiten mit 20 Abbildungen. Paperback

Ursula Spuler-Stegemann
Die 101 wichtigsten Fragen:
Islam
5., aktualisierte Auflage. 2019. 160 Seiten mit zahlreichen
Ornamenten. Paperback

Andreas Brämer
Die 101 wichtigsten Fragen:
Judentum
2., durchgesehene Auflage. 2015. 155 Seiten mit 11 Abbildungen
Paperback

Petra Altmann
Die 101 wichtigsten Fragen
Orden und Klosterleben
2011. 158 Seiten mit 45 Abbildungen. Paperback